「ふつうのLGBT」像に抗して

「なじめなさ」「なじんだつもり」から考える

森山至貴

青土社

目次

「ふつうのLGBT」像に抗して――「なじめなさ」「なじんだつもり」から考える

はじめに

研究者が書く学術論文以外の文章を読むのが好きだ。堅く、というか（予想される反論に対して）防御的に書かれる学術論文と違って、コラムやエッセイ、初学者のために書かれた新書や教科書などには、書き手の専門家としての学識だけでなく、人となりや文体の癖などが自由に表現されている気がして、読んでいて楽しくなる。驚くような名文に出会うことも少なくなく、「研究者もまた優れた「物書き」でありうるのだなあ」などと読みながら感慨に耽ったりもする。

唐突に告白してしまうが、私は学術論文以外の文章を書くのも好きだ。私の文章のどこにも名文らしき要素は見出されないのだが、下手の横好きとはよく言ったもので、機会をいただければ、自分の実力も筆力も顧みずあれやこれやと書いてきた。本書に収められた九つの文章のうちのほとんどは、商業誌等から依頼を受けて書かれた、そのような論考である。今「論考」と書いたように、本書に収められた文章は、エッセイやコラムのように気軽に読めるわけではないのだが（そして学術論文と同様に内容の正しさを志向して書いたつもりだが）、学術論文ほど多くの前提知識を持たずとも読めるように書いたつもりではある（とはいえ、性の多様性に関する基礎知識、たとえば「LGBT」という語が何を指すのかなどについて、読者がすでに知っていることを前提に本書は書かれている。この点を不安に感じる読者は、拙著『LGBTを読みとく』の第二章など、別の文章から必要な知識を得た上で本書に戻っていただけるとよいかもしれない）。

上手くはないが読めないことはないと思うのでぜひお読みください、とだけ書いてこの「はじめに」を終えてしまってもよいのかもしれないが、下手の横好きである私の悩みについて吐露させてほしい。文章の拙さ以前に私自身がいつも悩むのが、そもそも私に話題の引き出しが多くない、ということである。せっかくさまざまなテーマについて文章の依頼をいただいても（本書に収録した文章にも「エスノグラフィ」「イケメン」「ルッキズム」などに関する依頼を受けて書かれたものが含まれる）、私がお題への答えとして繰り出す手札はおよそ二枚しかないように思われるのである。つまり、「私はそういうものにはなじめない」と「あなたはそうやってなじんだつもりにならないでほしい」ということである。

そして、ここで言われているところの「そういうもの」や「そうやって」が指しているのは、よくよく自問してみると「ふつうのLGBT」像のようなもの（を何かしら想定すること）ではないか、と思われるのである。ということで、この「はじめに」では、本書のタイトルにもなっているこれらの事柄について、少し書いてみたい。別々の機会に書かれた文章の寄せ集めである本書を貫く私自身の問題関心を、各章の内容の簡単な説明を含めながら明らかにしていくことで、本書の読者に何らかの補助線を提供することを試みたいのだ。

＊

本書の第1章にも書いたが、私は「ゲイコミュニティ」に関する専門家として自身の研究者のキャリアをスタートさせた……と書くのはほとんど嘘に近い。「ゲイコミュニティ」になじめないゲイ男性がいるではないか、そしてそのなじめなさというのは「ゲイコミュニティ」が持ってしまう必然的な性質でもあるのだ（だから、「ゲイコミュニティ」はこの息苦しさを回避する仕掛けを必要とするし、実際にそういう仕掛けがあるのだ）ということを私は博士論文で書いたのである。そして、「ゲイコミュニティ」になじめないゲイ男性、というのは他でもない、私自身のことであった。

だから、私の研究者としてのキャリアは、いわば「自分自身の属するコミュニティに慣れ親しむことができない」者に関する専門家としてスタートしたのだった。ともすると「自分は特別な存在なのだ」という裏返しの特権意識に堕するしかないその実感を、私は論文を書くことで知的に捉え直そうとした。第1章は、この実感とそれが生み出しうる罠の存在を、フィールドワーク（ができない私）という要素に応じて語り直したものである。

博士論文を提出して以降に書いた文章にも、「私はそういうものにはなじめない」という個人的な気分を、いかに集団や規範のあり方に即して分析し記述できるか、といった問題意識が反映されていると思う。第2章では、ゲイ男性がほとんど強迫的に晒される「幸せになりたいなら他のゲイ男性に魅力的に思われるゲイ男性になるべき」というメッセージが、テクノロジーの変化によってより強固なものになってしまっていることを論じた。言うまでもなく、この背後には、「ゲイ男性の誰からも魅力的だと思われるゲイ男性になんてなれない！」という私の（率直に言ってしまえば悲痛な！）実感が隠れている……いや、全然隠せていないかもしれない。私怨と言ってしまえばそれまでだが、私一人が絶世の「醜い」ゲイ男性と言うわけではないはずなので（多分）、壮絶で無理のあるこの性的魅力のゲームになじめないという立場も、私に特有のものではないはずである。そんなことを考えながらこの章を書いた。

「他のゲイ男性に魅力的に思われるゲイ男性」を、端的に「男らしい」ゲイ男性と言ってみることもできる。他方、ゲイ男性はゲイ男性であるだけですでに「男らしく」ない、と判断されることも十分にありうる。第3章は、単純には接続しないゲイ男性と男らしさの関係について、というかその関係の考え方について述べた文章である。……もうお気づきだろう。そこには、「男らしいゲイ男性になんてなれない！」という私の（率直に言ってしまえば悲痛な！）実感が隠れている……いや、またしても全然隠せていないかもしれない。「ゲイ男性が男らしいはずなんてない」という暴論に対して、「ゲイ男性も男らしくあることができる」と反論するだけでは大いに問題である。そんな（人によっては煩雑に感じるかもしれない）理路を、読者とともにきちんと辿りたい、と思いながらこの章を書いた。

第1章から第3章までの文章は、「ゲイコミュニティ」にうまく適合したゲイ男性が体現する、羨望の対象となるような生き方にはなじめない、という私の個人的な感覚が色濃く反映されたものだと思う。とはいえ、「いやいや、「ふつうの」ゲイはそんなふうには生きていないはずでしょ」という実感も私は持っていて、だからこそ、針の穴に糸を通すような「幸せなゲイ像」ゲームを相対化する人々の実践や知的な考え方を、これらの文章の中では提示するよう努めてきた。

ところが、「ゲイコミュニティ」の「外」に目を向けてみると、どうもこの「幸せなゲイ像」が、「LGBT」という言葉で名指されるセクシュアルマイノリティの中でも、典型的な存在として表象され、理解されてしまっているようなのである。乱暴な表現になるが、私の中では「勝ち組ゲイ」のように思えている生き方が、どうもマジョリティにとっては「ふつうのLGBT」として思い描かれているらしい。ゲイ男性が「LGBT」を代表してしまっている点でも、そもそも一部のゲイ男性しか送れないようなライフスタイルが「ふつう」だと思われてしまっている点でも、この状況は看過できない。そんな問題意識を読者と共有したく、私の現在の専門であるクィア・スタディーズの分野における基本概念、「新しいホモノーマティヴィティ」に関する説明を含めながら書かれたのが第4章である。雨垂れ石を穿つ、「そんなゲイ男性にはなれない!」という個人的な実感も貫き通せばマジョリティの勘違い（では済まされない無理解）を批判する地点にまで到達する。そう考えれば、私の渾身の力を込めての抵抗にも、なにがしかの意味はあったのではないか。「なじめない私」に拘泥する私の知的（だと信じたい）格闘の成果である第一部から、読者もそう感じてくれるとうれしいのだが。

＊

つい今しがた述べたように、私自身にはマジョリティによるセクシュアルマイノリティの「理解」に警戒する気分が常にある。それはほとんど条件反射のようなものである。第二部にまとめられたのは、そうした警戒心の発露たる文章である。マイノリティの経験する苦境や危惧を理解した気になっている、言い換えればそれらに「なじんだ」つもりになっている人たちに対して「勘違いするなよ」と挑発的に警告するのが、第二部の狙いである。

第5章では、映像文化の領域に登場するセクシュアルマイノリティ表象について、どう考えるべきかに関する論点をいくつか提示した。たしかにこの一〇年ほどでテレビドラマや映画にセクシュアルマイノリティのキャラクターが登場することは増えた。だが、その増加よりもはるか前から、「セクシュアルマイノリティが描かれさえすればよいなどと本当に言えるのか」と問う議論は丁寧に積み上げられてきた。その一端を、セクシュアルマイノリティが登場することに喜ぶ地点で立ち止まる人の鼻先に突きつけることができたら、と願って書いた。

第6章は、セクシュアルマイノリティの「見た目」に解放的でポジティヴな印象を持つという、第5章で取り上げたものに続きこれまた問題のなさそうな態度に対して疑義を呈する論考である。

他者の「見た目」に関する言及は（本章の初出における特集タイトルでもあり、もちろん本章のお題でもあったルッキズムに関する各種の議論が示しているように）、相手の尊厳を奪いかねないものであり、本来は繊細な思慮を必要とするものである。ではセクシュアルマイノリティに関してはどのような思慮が必要なのか、それをなるべくとりこぼさずに語ろうと試みた。

第7章は、直接的にはセクシュアルマイノリティについて取り上げたものではない。性に関する「笑い」、広い意味での下ネタについてどう考えるべきかを論じたものである。「下ネタはダメ、絶対」という方針は、実のところ女性やセクシュアルマイノリティに抑圧的に働き、「真面目に喋れ」という方針すら、「真面目な体《てい》」という形による無力化を免れない。苛烈な袋小路を示すことに終始した文章ではあるが、本書の中でもっとも挑発的な文体で書かれた本章が、あの手この手で相手の嫌がる下ネタを繰り出す者（そもそも本書の読者にそんな人はいない気もするのだが）に「お前の手の内はバレているんだからな」とプレッシャーを与えることができることを祈っている。あえて言うならば、本章はなじんだつもりが帯びる馴れ馴れしさに対するひとつの反撃、ということにでもなるだろうか。

書き下ろし（と言っても事情により書かれたのは数年前だが）による第8章は、セクシュアルマイノリティに対して「何に困っているのか」について教えを請う態度の問題を論じるものである。もちろんセクシュアルマイノリティは何に困っているのかをマジョリティに知ってもらいたくもあるのだが、知ってもらいたいからといって教える義理があるわけではない。その忘れられがちな事実をもう一度呼び起こし、どのような条件を満たせばマジョリティはマイノリティに教えを請うてかまわないのかを考えた。

第5~8章は、いずれもセクシュアルマイノリティに対する一見「良心的」な態度、上辺だけを「良心的」に装う態度の問題を指摘するものである。裏を返せば、これらの章はそういった良からぬ態度を「良きもの」として受け入れるセクシュアルマイノリティ像を拒絶している。テレビドラマや映画に登場させてもらえれば喜び、その見た目を褒められれば照れもし、差別的な下ネタを甘受し、マジョリティの疑問には何でも答えてあげる……そんな「ふつうのLGBT」像を押し付けられることに対する苛立ちがこれらの章を書いた私の動機だ、と言ってもよいかもしれない。

「ふつうのLGBT」像に抗しようとする時、必要なのは、セクシュアルマイノリティがさまざまな性を（あるいは生を）生きていることを適切に捉えることのできる視座だ。この「さまざまな」を単なる「人それぞれ」と短絡しないでほしい。L（レズビアン）とG（ゲイ）とB（バイセクシュアル）とT（トランスジェンダー）、そしてもちろん、本来はA（アセクシュアル）やI（インターセックス）などの人々の違いを理解し、そのうえで「ふつうのLGBT」像に抗しようとするならば、さまざまな属性がこの社会構造の中でどのように意味づけられるかを考えることが絶対に必要である。「インターセクショナリティ」とはそのための概念であり、最終章となる第9章では、この概念を曲解し矮小化しようとする難癖に対し、反論をしようと試みた。なお、本章は、本書の他の章と異なり、初出時の文章にかなり手を入れたものであることを付言しておく。

＊

「なじめない私」に拘泥し、「なじんだつもりのあなた」を批判しながら、「ふつうのＬＧＢＴ」像に抗することが本書全体の狙いである。しかし、各章はもともと別の機会にそれぞれ書かれた文章であるから、どこを、どんな順番で読んでいただいても差し支えはない。「ふつうのＬＧＢＴ」像に抗する姿勢を、本書のどこかしらを通じてあなたにも私と共有してほしいと強く願っている。では、お好きな章から、どうぞお読みください。

I

なじめない私

第1章　居場所がしんどい、現場がこわい

1　問いとしての「エスノグラフィでなさ」

書籍の冒頭の章から後ろ向きな内容になってしまうが、本章は、「ゲイコミュニティ」の研究から研究者としてのキャリアをスタートさせた私が、しかしフィールドワークをしたことがなく、エスノグラファーでもないことに関する弁明のようなものである。

私自身は「ゲイコミュニティ」を自分の研究の（少なくともひとつの）フィールド＝現場だと今でも思っているのだが、では自らの研究がエスノグラフィ（特定のフィールドにおける人々の経験や文化を、現地での観察などに基づいて記述したもの）でもありえたかというと、それは無理だっただろう、というのが率直な実感である。

もちろん、私がエスノグラファーになれなかった理由として真っ先に挙げられるのは、私自身

の資質である。端的に言って、私は社交的でもないし、他者と円滑に会話をする能力に欠けているのである。それゆえ、関東圏にずっと住んでいるにもかかわらず新宿二丁目にも縁遠く、博士論文にまとめることになる調査をはじめた二十年ほど前にはごくたまにゲイ雑誌を買いに行くくらいが関の山で、ゲイバーにも行ったことがなかった。「ゲイコミュニティ」を研究する者として資質に欠けると言われれば、否定のしようもない。

ただし、資質がなくとも人は必要に迫られてエスノグラフィを書く。そこに問うてみたい問いがあるのならば、その答えを探すためにフィールドワークをすることはいくらでもあるだろう。現に私も、フィールドワークとは言えないがインタビューはおこなったし、それは私の研究に絶対に必要なプロセスだったと考えている。

したがって、次のような回答は間違っている。すなわち、「フィールドワークによって答えのわかる問いを問うていなかったから」。たしかに、フィールドワークが調査者の問いに一問一答式に答えをもらうという単純なプロセスでないことをふまえれば、私が決め打ち的にはっきりとした問いを持ってその答えを探していた場合には、フィールドワークという方法は不適切だったということになる。しかし、私の抱えていた問いはそのようなものではなかった。

繰り返しになるが、私は問いそのものの変容を迫られる経験をインタビューの中でしたし、そのようなインタビューによって重要な知見が得られたとも思っている。単純な「仮説検証型」の研究をしていたつもりはない。私も、何らかの意味で現場のありかたに（きちんと）巻き込まれてはいたのだ。

「なぜ私の研究はエスノグラフィでなかったのか」という問いの答えは、したがってもう少し複雑なものになるはずである。すなわち、私と現場の関係そのものになんらかの厄介な要素が含まれていて、その要素がエスノグラフィでないものとして私の研究を成り立たせることになったのではないか。

ここで重要になってくるのは、私自身がゲイ男性であり、ゲイ男性として日々を生きているという事実だろう。ゲイコミュニティというものがあるとして、それは私にとっては調査の現場であると同時に、差別や抑圧から逃れて一息つくことのできる居場所でもありえる場所である。

私自身が当事者であるというこの要素は、私が前段で取り出した「私と現場の関係そのものになんらかの厄介な要素が含まれていて、その要素がエスノグラフィでないものとして私の研究を成り立たせることになった」という当面の回答に対する向かい風となってしまう。なぜなら、少なくとも直感的には、そこが居場所である当事者が他の当事者にインタビューをしておこなった研究は、「部外者」によるインタビューやフィールドワークよりも現場のありようを濃密に描き出せるように思われるからである。(1)

裏を返せば、そこが当事者にとっての居場所である、という感覚から遠ざかろうとする時、調査者にとって（というか私にとって）現場のありようはそれに「なじめば」済む単純なものではなくなる。そして、本章で示されるのは、少なくとも私のおこなった「ゲイコミュニティ」研究に関するかぎり、当事者の居場所への乗り切れなさというリアリティを経由した上で、しかしそこがある種の居場所であると示し、その現場のありようを記述することが重要なのではないか、という点である。

いわば本章は、私という調査者と現場の煮え切らない関係を、当事者と居場所の煮え切らない関係に帰着させて説明し、その上で「エスノグラフィでなさ」にはどんな理由がありうるのかを示すものである。

2　エスノグラファーは「あとがき」に何を書くのか？

まず、「なぜエスノグラフィではないのか」に対する第一の答え（調査者自身の資質への還元）について再度検討する。そのことによって、本節では「なぜエスノグラフィではないのか」を調査者の資質に還元しない可能性を明らかにする。

この目的のために本節で探し出したいのは、私という調査者と現場の（比喩を用いれば）接続不良を指し示しそうな例である。もう少しはっきりと表現すれば、現場、あるいはそこにいる人々に対する調査者のあり方に関する、調査者自身のネガティブな感覚の表出である。では、そのような例をエスノグラフィの中に見出すことは可能だろうか？

もちろん、そもそもエスノグラフィは「私」を消去することによって客観を装う「調査報告」ではない（エスノグラフィが主観的なものだと断じたいわけではない。力点は「私」を消去しようとしない、という方にある）。したがって、現場に対する調査者の態度や立ち位置は、実際の研究の中に慎重な手つきで埋め込まれている。オートエスノグラフィ（auto-ethnography）がその極北（埋め込まれているというより、むき出しになっている）と言えるかもしれないが、この手法を取らないエスノグラファーの研究においても、調査者自身の姿はその中に見いだされる。

それゆえにむしろ、調査者は調査の結果に、あるいは現場に対してレリヴァントな（有意味に関連する）人物として描かれることになる。「よそ者」としての「失敗」やそれに対する自己認識が仮に描かれたとしても、それは最終的には調査者自身の考える意味においての調査の「成功」にレリヴァントな要素として出現していることにかわりはない。

むしろ関心を寄せるべきは、そのようにレリヴァンスを確保されていないような記述である。なぜならば、本節で考えられるべきは、調査者と現場の接続不良、言い換えれば調査の結果としてのエスノグラフィと調査者の間のレリヴァンスの不在や脆弱さによって「エスノグラフィでなさ」が帰結される可能性だからである。しかし、それは研究結果としてのエスノグラフィの「外」に調査者の姿を発見しようとするという厄介な営みである。先取りして述べれば、相当に難しいが、煮え切らない関係性と解釈できる例は存在することが本節で述べられる。

フィールドから遊離する調査者（という自己呈示）を発見するための資料として私が考えたの

は、エスノグラフィにとっての「外部」でありつつ著者自身が自己について語る場としての「あとがき」である。

多くのエスノグラフィ本には、「あとがき」「おわりに」といった形で著者自身による文章が掲載されている。調査の経緯や思い出、出版されたことへの安堵、（大学院生時代の）指導教員や同業者への謝辞などが書かれることが多いのは想像がつくだろう。もちろん、リラックスした状態で書かれる「あとがき」だから調査者の本音があらわれると考えるのはナイーブだが、調査者の調査に対する自己演出の場として読みとくことは十分に可能である。

とはいえ、既存のエスノグラフィを全て分析することは不可能なので、本章では調査結果、あるいは調査の現場と調査者自身の間の接続不良に関する記述には、大きく分けて三つのパターンがあったことを示すに留める（いずれの例も少数であり、インタビューを方法とする研究に関するものも含まれているので、「単に見つかった」以上の強度を持つ知見ではない[2]）。そのパターンは、「つらさ」「申し訳なさ」「向いてなさ」である。

調査の「つらさ」は、調査者が思い出として書きたい事象のようである。「眠れない夜が続くほど神経をすり減らす一方で、ある社会の空気を身体いっぱいに呼吸していると実感」（中谷 2003：259）、あるいは「もがきながら何かを見出していく作業というのは、幸いなことに私にとっては苦しさよりも楽しさの方が多かった」（田中 2017：256）といった表現が見られた。質的社会調査の教科書でも冒頭に「調査の現場で、たくさんの楽しいこと、しんどいこと、辛いこと、嬉しい事に出会いました」（岸ほか 2016：i）との記述があるので、質的調査特有の「つらさ」を調査者自身が感じる、ということは調査においてかなり一般的な事態である（こととされている）と確認できる。また、いずれの場合も「つらさ」と対になる充実感にも言及があることから、全体としては調査そのものにある種のやり甲斐を感じている（と少なくとも自己呈示する作法がある）とは言えるだろう。

現場の人々への「申し訳なさ」もまた、表明されることがある。現場の姿を正しく伝えていなかったり、人々の語りなどを間違って解釈していたりしたら申し訳ない、という表現や、「ハノイの友人たちにも、大いに感謝したいと思う。本書はほとんど日本語で書かれており、そのことについては、彼らに対して申し訳ないと思っている」（伊藤 2001：215）という表現がある。いずれも現場のありようへの接近の不十分さを自己開示するものとなっている。

似たような表現として「恥ずかしさ」にまつわるものがある。

私は、執筆したらまずいことはありませんか、と続けて聞いたのだが、S先生は「大丈夫ですよ。（あなたは）きれいなところしか見てませんから」と、他意のない様子でおっしゃった。被災学校の現実をわかっているかのような口の利き方をした自分が恥ずかしくなった。（清水ほか 2013：249）

もっとはっきりと調査者自身の「向いてなさ」を提示する例もある。調査者自身の研究者としての資質を疑わせるので、むしろ質的調査の実績のある研究者にしか書けないタイプの表現かもしれない。「私はあまりひとと喋るのが得意ではないので、実は、調査や取材でだれかにインタビューすることは、苦痛でさえあるときがあります」（岸 2014：302）、あるいは（「あとがき」からの引用ではないが）「アポが取れた場合、（……）生活史調査の全体のプロセスの、7割は成功したといってよいと思います。そして正直に言いますが、私はいまだに、これが本当に苦手です」（岸ほか 2016：198）。公平を期すためにここに記せば、私自身も自著の「あとがき」で「インタビューしているつもりが最終的には私自身の人生相談に乗ってもらっている、という展開は一度や二度ではなく、そんな「ダメインタビュアー」である私に温かく接してくださったみなさん（＝インフォーマント）には感謝してもし尽くせない」（森山 2012：247-248）と書いている（もっとも私の場合は自己呈示というより本当に私自身が調査者として能力不足だっただけなのだが）。

自らのモノグラフが現場を正しく描けていない、寄り添えていない可能性に苦しみ、そのことを現場に対して詫び、他方でそのような自らの資質のなさを表明する……これが「あとがき」から見えてくる調査者のネガティヴな自己呈示の姿であり、調査者と調査の間の接続不良の表現である。

しかし、ここにある接続不良は、本章がその可能性を探るべき調査者と現場の煮え切らない関係を示したものと言えるだろうか？　おそらく言えないだろう。なぜならば、ここにあるのは、エスノグラフィ本編の中での繊細な議論の有無にかかわらず、「現場のありように調査者の側が浸ること」を正解とし、「調査者の能力不足によりそれが不可能である」ことを不正解とする形で、現場と調査者の順接的な関係を前提としていることにかわりはないからだ。

では、次のような「あとがき」を私たちはどう解釈するべきだろうか。

苦節二年が過ぎた後でも、やっぱり自分の仮説や論証が崩されるときのショックには慣れることができない。「仮説が崩壊するのは心地よい」とか「自己が変容してゆくことは快楽だ」なんて言えるほど、私にとってフィールドは無害な場ではなく、そんな目にあうたびに「ごめん。無理。だめ。できない。頼む。お願い。見逃してー!」という感じで、いちいち本気で痛かった。(貴戸 2004:325–326)

ごくごく単純に、これを「つらさ」「向いてなさ」という類型に引きつけて解釈することができるだろうし、貴戸自身もそのような自己呈示として書いたのだろう。しかし、私が着目したいのは「フィールドは無害な場ではなく」という表現と、貴戸自身がこの研究を「当事者研究」としておこなっているという事実である。

「あとがき」の貴戸を単純に調査者として考えるのであれば、珍しいことは何もない。しかし、貴戸が不登校当事者としてこのあとがきを書いていることをふまえれば、きわめて重要な解釈が引き出されうる。すなわち、調査者であろうと、当事者が現場によって「変容」させられること は苦しいことであり、現場は、当事者に「害」をなす場でもありうる、ということである。

無意識といった概念を外挿して貴戸自身の「真の」意図や実感を決めつけないためにも、あくまでテクストの字面に拘泥しつつ、ありうる事態として記述し直す必要があるだろう。調査者=当事者の場合、現場=居場所でもありうることをふまえれば、次のような表現になる。すなわち、居場所が当事者に害をなす場所でありうるのであれば、調査者が当事者である場合、現場は調査者にとって「なじむ」ことに抵抗を感じるものでありうる。居場所がしんどい、だから現場がこわい。現場のありように「なじんでいく」ことがフィールドワークであり、その結果がエスノグラフィならば、このしんどさ、こわさは調査者の資質とは異なる理由で「エスノグラフィでなさ」が志向される可能性を示唆している。

3　裏返しのヒロイズム

しかし、このような議論が、当事者が調査者であることを、非当事者が調査者であることに対してかなり特権的な位置に置いたものであることに留意する必要がある。そこで、本節では当事者が調査者であることをめぐる議論を検討したい。そこから浮かび上がるのは、当事者を特権視しないことによって調査者が特権視されてしまう可能性である。

当事者が調査者（あるいは研究者）であることについては、多くの研究がなされてきた。最も重要な意義一点を確認し、それをふまえた上での批判的論点三点を整理する。

当事者自身による調査研究は、なによりもまず専門家による支配への抵抗という意義を持つ（中西・上野 2003：13-15；石原 2013：28）。トラブルやニーズを抱える本人よりも専門家の認識枠組みや偏見が優先されてしまう状況を変革することの価値は、今でも失われていない。私の研究に直接的に先行するゲイ男性に関する研究においても、当事者自身による研究を志向するゲイ・スタディーズ（ヴィンセントほか 1997）の枠組みは依然として重要である。

しかし、この点をふまえたとしても、批判的な論点を三つ指摘できる。すなわち、「何をもって当事者とするのか」「当事者でなければ（よい）研究ができないのか」「当事者が研究することに特有の問題はないのか」である。

「何をもって当事者とするのか」は、見かけほど単純な問題ではない。たしかに、何らかの属性に関して差別を受けている人、何らかの属性を持ったマイノリティ、としてしまうことはできる（同性愛者、エスニックマイノリティ、障害者、外国人など）。では、マイノリティの家族特有のトラブルやニーズを考察するために、そのような家族の方を当事者と呼ぶことは不適切なのだろうか[3]。他方、さらに定義を拡張していって、「ニーズを持ったとき、人はだれでも当事者になる」（中西・上野 2003：2）と言ってしまう時、このような当事者概念のインフレーションは、かえって当事者という言葉の意義を失わせてしまう可能性もある。「当事者は誰か」という問いは、いくらでも「不毛な議論」（天田 2010：123）を呼び寄せてしまうのである。「当事者でなければ（よい）研究ができないのか」という問いに対しても、そんなことはない、という研究の例はいくらでも見つかる。「良心的支持者」として当事者でないこと特有の意味を考えることもできるし（本郷 2007）、セックスワーカーに対して「「自分とはつながりの切れた存在」という感覚を持てないでいる」（熊田 2010：1）状態で書かれたエスノグラフィーも存在する（熊田 2017）。

これらの二点を考慮すれば、おそらく次のような穏当な指針が導出される。すなわち、何らかの属性を持った被差別者やマイノリティを当事者としつつ、「〈非当事者〉の参入を拒否するものではないが、担い手が〈当事者〉であることを重視し、そのことに固有の意義を認める」（貴戸 2004：27）というものである。

しかしここで重要なのは三つ目の論点、すなわち、「当事者が研究することに特有の問題はないのか」である。当事者研究の危険性について、次のような指摘がある。

しかし私はこの立場（引用者註：「当事者研究」の立場）には立たない。なぜなら、その「利点」が研究者の「特権」へと転化してしまうリスクをより強く感じるからである。つまり「当事者である」という研究者側の自負を生み出し、「当事者であるからこそ、対象者の気持ちがわかる」という、必ずしも正しいとはいえない前提に立つことになりかねない。この前提は研究者の勘違いや傲慢さを生み出し、対象者の丁寧な「理解」を妨げることになるだろう。（今尾 2007：87）

この指摘は極めて重要である。なぜなら、当事者でもある調査者が現場の人々、現場のありようと摩擦を起こす可能性を指摘しているからである。

ただし、当事者という共通点に照準するならば、ここに裏返しのヒロイズムが存在する可能性も指摘できる。「調査者たるにあたって当事者であることがそれほど特別なことなのか」という問いは転倒されねばならない。「当事者たるにあたって調査者であることがそれほど特別なことなのか」。言い換えれば、現場と異なる感覚を調査者だけが持っているとの前提こそ疑うべきなのではないか。調査者が感じている程度のことならば、調査対象の人々も感じているのではないか。

本章の問いに引きつけるため、この論点を現場に「なじむ」という点に限定し、対象者の理解を対象となる現場の理解に拡張する形で表現しなおすことができる。すなわち、調査者だけが現場＝居場所のありように「なじんで」いない、という特権視は避けなければならない。むしろ、現場の人々もまた現場に「なじんで」いない可能性が存在する。であるならば、現場の側と異なると思われる調査者の感覚は、調査者のみに起こる事態としてではなく、そもそもの居場所＝現場の側のありように折り返して考察すべきなのではないか。この時、現場のありように「なじむ」記述を志向するものとしてのフィールドワークはしないしエスノグラフィは書かない、という研究方針は、調査者の資質でも調査者の問う問いの性質でもなく、調査者を含む当事者と現場との煮え切らない関係そのものの中に由来することになる。

4　懸命にゲイにならない

「そうでありうる」という細道を辿ってたどり着いた前節までの議論を「しんどい」「こわい」という表現を用いて言い直せば、次のような問いになる。つまり、現場の人々にとってもそこは居場所としてしんどいこともあるのではないか、だとすれば人々にとっての居場所を現場として描き出す営みは、調査者が現場に感じるこわさを、現場の人々自身にとっての居場所へのしんどさでもあると仮定し、その当否を確かめるものであるのではないか（少なくともあってもよいのではないか）。

この問いは、私が調査対象とするゲイ男性に関する学術的議論の文脈に置き直すと、さらに重要なものとなりうる。なぜなら、ゲイ男性に関しては、居場所のありように「なじむ」ことが、「懸命にゲイになる」こととして理想化されてきた側面が存在するからである。

ゲイであること、それは生成過程にあるということであり、さらにご質問にお答えするため、同性愛者になるべきなのではなく、しかし懸命にゲイになるべきなのだと付け加えましょう。

(Foucault 1982a = 1987 : 41)

この引用について論じる形で、「ゲイ」なるものの潜勢力が評価されてきた（河口 1997）。そして、その潜勢力とは、フーコーによれば以下の要素に宿るものである。すなわち、男性同性愛者の性的指向そのものでもなく性行為そのものでもない、男性同性愛者同士の関係性、新しい「生の様式」（Foucault 1984 → 1994b = 2002 : 256）である。それゆえフーコーは「同性愛者」ではなく、懸命に「ゲイ」になるべきだと主張したのである。

フーコーにおける「ゲイ」という言葉は、二〇二四年現在日本社会で使われる（性的指向の対象が男性である男性、という意味での）「ゲイ」という言葉に「ライフスタイル」を積み増し、それを関係性に帰着させたものだと理解することができる。そこが「悦ばしき知識（Die fröhliche Wissenschaft = gay science）」の宿る場である、すなわち当事者にとって肯定的な価値を持つ居場所である、とのフーコーの立論をふまえてパラフレーズすれば、「ゲイ」の居場所は、性的指向の共通性によって集団が括りだされることによってではなく、その成員が共有すべき要素を共有しつつ立ち上がるものである。

ここに当事者と居場所の煮え切らない関係の生じる余地がある。性的指向だけを共有する当事者が集まれば居場所となるのであれば、「居場所」とはそれは特定の属性を持った人の集団を場所に関する比喩を用いて言い換えたにすぎない。しかし、居場所が属性に還元されないのであれば、属性に還元されないまさにその要素への乗り切れなさを感じる当事者にとっては、居場所は心地良いものではなくなる。

したがって、居場所の安定的な存続は、フーコーが指摘したのとは全く逆に、特定の属性以上の要素を体現することを個々のゲイ男性に要求しないやり方を必要とする。比喩を使って述べれば、居場所の濃度をいかに薄めるかという問いが当の居場所において重要となるのである。必要なのはむしろ「懸命にゲイにならない」方法なのだ。

私の研究において焦点になったのがこの「懸命にゲイにならない」方法であり、また実際に発見されたのがその技法であった。すなわち、ゲイ男性同士がコミュニケーションの中で用いる、「こっち」という言葉である。

「こっち」という語を用いてコミュニケーションが成立すれば、自動的にこの言葉の発し手と聞き手は共に「こっち」側の人間になる。「こっち」という言葉が用いられることで、「こっち」が何かにわざわざ言及せずとも、「こっちにいるからこっち」というトートロジーによって発し手と聞き手が同じ「仲間」であるとみなされることになるのである。（森山 2012：187）

他のゲイ男性やバイセクシュアル男性とのミニマムな相互行為をその使用条件として「こっち」という言葉を用いることで、この相互行為が、ゲイ男性個人がゲイ男性全体の集合性、〈わたしたち〉と呼びうるような集合性へアクセスしたことへと読み替えられるのである。いわば、共通の要素が容易に想定できない状況で、単なる相互行為をゲイ男性全体の集合性へと接続する言語実践によって、ゲイ男性全体の集合性が遂行的に（再）生産されているのである。（森山 2012：190）

ゲイ男性（とバイセクシュアル男性）同士がお互いを「こっちの人間」と呼び、相互行為の起こる場を「こっちの世界」と呼ぶまさにその時、そこに現場としての「こっちの世界」が立ち上がり、「こっちの人間」はそこに属することになる。そしてこのメカニズムには、最低限の共通性としての性的指向以外の要素は含まれていない。「こっち」という言葉は、「その内包を極端に削減することで一人残らずゲイ男性とバイセクシュアル男性を包含するような曖昧なものであり、そのことによって共有されるライフスタイルや嗜好、規範などの要素を排除している（少なくとも他のカテゴリー語よりは排除し得ている）」（森山 2012：201）のである。

実際には、性的指向とそれ以外の要素をはっきりと分けることはできない。したがって、「その他の要素」の積み増しを避けるだけでなく、性的指向そのものの名指しに関しても共有の強要を避ける方が望ましい。「こっち」という言葉は、この要求にも適っている（森山 2012：201）。なぜなら、「属性そのもの」を指すとされる「ゲイ」「同性愛者」といった言葉すら、「こっち」という言葉によって避けることが可能だからである。

以上のような結論へと至った私の「ゲイコミュニティ」に関する研究は、したがって当事者であり調査者である私の居場所への乗り切れなさを消去して現場のありように「なじんで」いこうとはしないものであった。むしろ、居場所への乗り切れなさを保持し、すなわち調査者として現場へ「なじむ」ことを（少なくとも結果的に）避け続けながら、さらに乗り切れなさを居場所で生きる人々もまた持つ感覚だと考えることによって、「居場所らしさを薄める居場所」のありようを探っていったのである。当事者としての乗り切れなさという感覚にこうして私が居直ったことで、運良く一つの結論が導き出されたと言うことができるかもしれない[4]。

「居場所らしさを薄める居場所」のあり方について、私はエスノグラフィを書くのではない仕方で研究をした。その結論の妥当性や重要性については、さまざまな評価があるだろう。しかし「エスノグラフィでなさ」を考える本章において最後に問うべき問いは次のようなものであるべきだ。すなわち、「居場所らしさを薄める居場所」のあり方は、フィールドワークという手法では本当に描くことができなかったのだろうか？　それは、エスノグラフィであってもよかったのではないだろうか？

5　エスノグラフィでもよかった、かもしれない

「居場所らしさを薄める居場所」のありようは、現場の「現場らしさ」を想定し、そこに肉薄しようとすることがフィールドワークであり、その結果がエスノグラフィであるとする立場からはかなり遠くにあるだろう。しかし、現場の「現場らしさ」を探しに行ってしまうことへのあらかじめの自己反省もまた可能だろう。また、現場の「現場らしさ」を探そうとするフィールドワーカーの意図や意志がどうであれ、現場のありようが「現場らしさ」という想定に逆立するものであれば、遅かれ早かれ調査をしているフィールドワーカー自身がその逆立に気づく、とも言えるはずである。[5]

したがって、「居場所らしさを薄める居場所」のありようにはフィールドワークに基づくエスノグラフィという形では到達できない、という結論は明らかに誤っているように（今となっては）思われる。

結果として、本章は次のような結論へとたどり着くことになる。私という調査者と現場の煮え切らない関係を、当事者と居場所の煮え切らない関係に帰着させて研究上の問いとすることは可能であり現に私自身はそうした。しかし、それがなぜ「エスノグラフィでない」のかに関しては、「あとから振り返ればエスノグラフィでなくとも可能だったと言えるかもしれないが、私という当事者が居場所への「なじめなさ」にこだわらずには生きていけない人間であるゆえに、そうは

できなかった」と言わざるをえない、と。

「つまるところお前の資質の問題だったのだ」と言われれば、返す言葉がない。しかし、私には「エスノグラフィでないもの」としてしか「ゲイコミュニティ」研究はできなかったし、そのようにしかできなかったことこそが、当事者と居場所の煮え切らない関係の少なくとも一つの重要な側面であると言いたい（＝私の「資質」に還元しないでほしい、という）気分が、私にはある。

居場所への乗り切れなさを互いに許す技法を保持することで、ゆるやかにできる範囲で人々がそこに乗っていく、そんな居場所が存在するし、それが存在すると示すことには意義がある、とやはり思う。現に、私はいまだに（本書をまとめている二〇二四年末の今でも本当にいまだに！）一度もゲイバーに行ったことがないけれど、それでも自分が「ゲイコミュニティ」の一員だとは思っているし、多分それで問題はないのだ。

註

（1）本章では「当事者」という言葉を、基本的に特定の属性を持ったマイノリティ、もっとはっきり言えばゲイ男性、という程度の意味で用いている。「当事者」という言葉をめぐる議論、たとえば、当事者の方が濃密な研究が可能である、といったものについては3節で検討する。

（2）実際には、ふたつの方法で探索した。（1）私自身の職場である早稲田大学戸山図書館の蔵書の中から、「エスノグラフィ」をタイトルに冠したもののうち、調査法関連の書籍とアンソロジーを除く、日本語で書かれたいわゆるモノグラフを確認してみた。該当書籍は三〇冊である。一九八四年刊行の佐藤郁哉『暴走族のエスノグラフィー』を除いて、すべて本章の初出である二〇一七年から二〇年以上遡ることのない期間に刊行されたものである。（2）私の研究室にあるインタビューを方法とするモノグラフ一八冊を確認した。こちらも前項と同じ期間に刊行されたものである。したがって、繰り返すが、データが十分な「代表性」を保持していると主張したいわけではない。

なお、フィールドワークに関連する「あとがき」の特徴として圧倒的に多く見られるのは、現場の人々に対する感謝の気持ちの表明である（約半数に記載あり）。これは、「あとがき」が事実上謝辞を述べるセクションとなるという日本の学術書の傾向によるものと考えられる。

裏を返せば、現場の人々に対する謝辞のないモノグラフもそれなりに多い。それ自体は各調査者の自由であるが、「発展途上国」の「下層」のエスノグラフィで、同僚やら研究会で一緒になった同業者らに対する微に入り細を穿つ謝辞が書かれているにもかかわらず調査対象となった現場の人々に対する感謝が一言も述べられていないものを読むと、「この調査者、調査対象の人々を下に見ているのかな」と勘ぐってしまうところがある。「あとがき」で誰に感謝するかは、エスノグラフィにとっての「外部」というよりはむしろ「内部」に属する問題であると考えるべきかもしれない。

（3）ろう者の親を持つ聴者については、澁谷（2009）。

（4）それゆえ、居場所に対して私とは異なる態度を取る当事者によるエスノグラフィと私の研究では、結論がまったく逆向きになるのも当然だろう。たとえば、同じく「ゲイコミュニティ」を題材にしているにもかかわらず砂川（2015）と私の研究の毛色がまったく異なることは、それぞれの居場所に対する態度の違いによるものだと思われる。私としては、両者は決して排他的な議論だとは思わないのだが。

（5）渡邊日日は、ロシア連邦ブリヤート共和国におけるフィールドワークにおいて、「今現在行われている婚姻儀礼のこと、村の簡単な歴史のこと、親族についての呼び名のこと等」の、ブリヤート人なら容易に答えられそうな質問に対しても「博物館に行け」「図書館に行け」「学校に行け」と繰り返し返答されたエピソードを記している（渡邊 2010：441）。これもまた、「フィールドデータの基本的部分は、個々のインフォーマントとの対話」（渡邊 2010：441）によって得ることが一般的であり、現場の人間＝インフォーマントこそが知るべき現場特有の知識の持ち主であるとの想定と逆立する「現場らしさ」のあり方だろう。渡邊はこのエピソードを導きの糸としつつ民族的知識と社会構造の連関を問うていく。

文献

天田城介 2010「底に触れている者たちは声を失い、声を与える——〈老い衰えゆくこと〉をめぐる残酷な結び目」宮内洋、好井裕明編著『〈当事者〉をめぐる社会学——調査での出会いを通して』北大路書房、一二一—一三九頁

Foucault, Michel 1982a "Entreiten avec Michel Foucault". Masques. Mars.（＝2001 増田一夫訳「同性愛の問題化の歴史」『同性愛と生存の美学』哲学書房、二一—四四頁）

——— 1984→1994b, "Michel Foucault, une interview : sexe, pouvoir et la politique de l'identite", Dits et Ecrits 1954-1988, Edition etablie sous la direction de Daniel Defert et Francois Ewald, Ed. Gallimard, Bibliotheque des sciences humaines, 4 volumes.（＝2002 西兼志訳「ミシェル・フーコー、インタビュー——性、権力、同一性の政治」蓮實重彦、渡辺守章監修、小林康夫、石田英敬、松浦寿輝編『ミシェル・フーコー思考集成Ⅹ 1984-88 倫理／道徳／啓蒙』筑摩書房、二五五—二六八頁）

本郷正武 2007『HIV／AIDSをめぐる集合行為の社会学』ミネルヴァ書房

今尾真弓 2007「当事者「である」こと／当事者「とみなされる」こと」宮内洋、今尾真弓編著『あなたは当事者ではない——〈当事者〉をめぐる質的心理学研究』北大路書房、八〇—九一頁

石原孝二 2013「当事者研究とは何か――その理念と展開」石原孝二編『当事者研究の研究』医学書院、一一―七二頁
伊藤哲司 2001『ハノイの路地のエスノグラフィー――関わりながら識る異文化の生活世界』ナカニシヤ出版
河口和也 1997「懸命にゲイになること――主体、抵抗、生の様式」『現代思想』二五巻三号、一八六―一九四頁
貴戸理恵 2004『不登校は終わらない――「選択」の物語から〈当事者〉の語りへ』新曜社
岸政彦 2014『街の人生』勁草書房
岸政彦、石岡丈昇、丸山里美 2016『質的社会調査の方法――他者の合理性の理解社会学』有斐閣
熊田陽子 2010「共在者は当事者になりえるか？――性風俗店の参与観察調査から」宮内洋、好井裕明編著『〈当事者〉をめぐる社会学――調査での出会いを通して』北大路書房、一―一九頁
―― 2017『性風俗世界を生きる「おんなのこ」のエスノグラフィー――SM・関係性・「自己」がつむぐもの』明石書店
森山至貴 2012『「ゲイコミュニティ」の社会学』勁草書房
中西正司、上野千鶴子 2003『当事者主権』岩波書店
中谷文美 2003『「女の仕事」のエスノグラフィ――バリ島の布・儀礼・ジェンダー』世界思想社
澁谷智子 2009『コーダの世界――手話の文化と声の文化』医学書院
清水睦美、堀健志、松田洋介編 2013『「復興」と学校――被災地のエスノグラフィー』岩波書店
砂川秀樹 2015『新宿二丁目の文化人類学――ゲイ・コミュニティから都市をまなざす』太郎次郎社エディタス
田中大介 2017『葬儀業のエスノグラフィ』東京大学出版会
ヴィンセント・キース、風間孝、河口和也 1997『ゲイ・スタディーズ』青土社
渡邊日日 2010『社会の探究としての民族誌――ポスト・ソヴィエト社会主義期南シベリア、セレンガ・ブリヤート人に於ける集団範疇と民族的知識の記述と解析、準拠概念に向けての試論』三元社

第2章 「二丁目に捨てるゴミ無し」と人は言うけれど、

1 並立する複数の「イケメン」

ゲイダーという言葉がある。日本ではほとんど聞かれないこの語は、「ゲイ」と「レーダー」を組み合わせた造語で、容姿や立ち居振る舞いからある人がゲイ男性だと見抜くことやその能力を指す。

ゲイダーという言葉、あるいはそうでなくともこの言葉の指し示す実践は、ゲイ男性の見た目をその他の男性の見た目から差異化する何らかの特徴があるかもしれない、という人びと（特にゲイ男性自身）の曖昧な信憑に支えられている。一目でゲイ男性とわかる決定的な見た目の特徴があるのなら「レーダー」を働かせるまでもないし、ゲイ男性以外の男性と見た目の差が全くないのであれば「レーダー」を働かせることは無意味である。ゲイダーという言葉こそ一般的でないにせよ、現に日本のゲイ男性の中には「イカニモ」系というひとつの容姿の類型が存在する。[1] いかにもゲイ男性に見える人の存在を示しながら、それがひとつの「系」に過ぎないことが含意されてしまうこの語は、ゲイ男性特有の容姿への信憑の曖昧さを示唆している。

したがって、ゲイ男性にとっての「イケメン」とは、たとえば異性愛女性から見た異性愛男性の「イケメン」とは違うものであるかもしれないと推測できる。もちろんゲイ男性はゲイ男性だけを観察して生きているわけではないので、両者が明確に分けられるわけではないのだが、ちょうど前段落の「曖昧さ」と平行するように、曖昧な独自性を持つゲイ男性の「イケメン」観が存在しても不思議ではない。

しかしここで考えるべきなのは、ゲイ男性にとっての独自性をもった「イケメン」像は、独自かつ単一の「イケメン」像の存在と同じではない、ということである。何をもってイケメンとするかは人により異なる、という単純な一般論を述べたいのではない。先の「イカニモ」系という語が示唆するように、ゲイ男性は複数の「イケメン」像の並立をより積極的に志向している、ないしは感得しているのではないか。とすれば、ゲイ男性にとっての「イケメン」は、異性愛女性や異性愛男性などに感得されるところのそれと、内実の細部ではなく内実の配置される構成そのものを異にするはずである。

そこで本章では、このようなゲイ男性独自の並立する複数の「イケメン」像のありよう（とその変容）を検討していく。その上で、ゲイ男性が異性愛女性や異性愛男性などとは異なった意味で容姿の魅力を捉える、その社会的条件を描く。それは、人が人に「惹かれる」ことの社会性をめぐるひとつの機制を明らかにする作業となるはずである。

2　あなた好みではないけれど

「イケメン」という語にはいくつかの民間語源（folk etymology）があり、その中にはゲイ男性にかかわるものも存在する。二〇〇八年刊行の『広辞苑』第六版に「いけ面」という表記が掲載された際には、「イケてるメンズ」という「正しい」語源を解していないとして多くの批判がなされた（今でもインターネットで検索すればそのような語調のページがいくらでも見つかる）。語源をめぐる騒動は一九九九年一月に雑誌『egg』の当時の編集長が「イケてるメンズ」の略語として「イケメン」という語をはじめて使用した、という通説をもって（Wikipedia その他のインターネット上のサイトでは）一応の収束を試みたが、ゲイ男性、特に一九九〇年代後半のゲイ雑誌『G-men』が用いていたという説も存在する。

しかし、実際に当時のゲイ雑誌にあたってみると、やはり「イケメン」がゲイ男性由来の言葉である、というのはあまり信憑性の高い仮説だとは言えない。『G-men』の一九九八年七月号に「イケる男の顔」特集が組まれており、この特集が先の仮説の根拠らしいが、この特集を確認したところ、「イケメン」という語は登場しなかった。一九九九年の一二月号になっても「イケメン」という語は登場しない(2)。同じく有名なゲイ雑誌の『Badi』を調べたところ、「イケメン」という語は一九九九年発行のものでは見つけられず、二〇〇〇年の二月号まで時代を下ってようやく見つかった。仮に「イケメン」という語が使用されたことがあったとしても、それがゲイ男性の間(のみ)で一般的であったとは言えないだろう。むしろ、『Badi』の二〇〇〇年一〇月号(三三〇頁)には「イケメン」が「そろそろサブい言葉」として取り上げられたりもしている(この予想は大きく外れたわけだが)。

ただしここで注目すべきは、「メンズ」か「面(=顔)」かという論点ではなく、「イケてる」(だけ)でなく「イケる」という表現がゲイ雑誌では用いられているという事実である。「イケる(=性愛の対象になりうる)」概念は、イク=射精することがありうるという意味を由来としつつ右記の「イケる男の顔」特集のように一九九八年初頭にはすでにゲイ雑誌『G-men』の中に現れており、二〇〇〇年初頭以降は「イケてる」概念と共存しながら、単に「好みのタイプである」といった意味を含みつつ、(本章初出の)二〇一四年の段階でも使われている。

「イケてる」と「イケる」の決定的な差異は、前者はまなざしの対象に本来的な性質である(とされる)のに対し、後者はまなざす側の嗜好に大きく依存した性質である点である(3)。対比的に述べるならば、「イケてる」は個人の魅力が(理想的には)誰もが認める水準にある時に用いられる「客観性」を帯びた表現であり、「イケる」は他者の判断基準を脇においた発話者の主観的な判断を示す表現である。それゆえ「イケる」という語彙が開くのは、「あなた好みではないけれど、私にはイケる」という事態なのである。

したがって、ゲイ男性にとってどのような男性が魅力ある＝「イケる」存在なのか、という問いそのものの中に、すでにゲイ男性の好みが多様であるという答え自体が前提条件として組み込まれている。そしてすでに「イカニモ系」という語について指摘した通り、その好みは単に多様なのではなく、いくつかの系に分化し並立するように構造化されているのである。この構造を探るため、次節でゲイ男性が用いる「専」という言葉について検討する。

3 「専」の思想

ゲイ男性の好みが多様であることを端的に指し示す「格言」として「二丁目に捨てるゴミ無し」というものがある。(4) ゲイ男性にはさまざまな好みがあり、どんな人間も誰かの好みのタイプではある、という意味である。ゲイ男性の誰もが新宿二丁目に通える地域に暮らしているわけではないことを考えれば、この語が東京中心主義にすぎるのは明らかである。しかしその点をとりあえず脇に置けば、これは多くのゲイ男性を安心させるに足る「格言」かもしれない。

そして、ゲイ男性におけるこの好みの多様性を下支えするのが、「○○専」という言葉で示されるさまざまな嗜好である。「デブ専」「ブス専」「細専」「老け専」「若専」「顔専（肉体美より顔の造作を重視）」「体専（顔の造作より肉体美を重視）」「チビ専」[5]「メガネ専」「スーツ専」など、比較的一般的なものに限ってもかなり多様である。

「デブ専」や「ブス専」などが典型的だが、一般的にあまり魅力的だとは思われていないような性質を積極的に好む人が集団で存在するということは、どのような容姿の人間でも誰かにとっての嗜好の対象となることの根拠となり、またそのような信憑の遍在を引き起こす。

> ゲイ同士の関係は、性に局在化されたことによって、細分化という洗練を進化させ、視覚的にどのようなタイプであっても、ある程度需要と供給を満たすことができるようになっている。太っていようが、オタクであろうが、年をとっていようが、そんな自分を好む相手と出会うことはそこそこ可能である。（伏見 2005：33）

しかし、「ある程度」「そこそこ」といった表現を用いての伏見の冷静な留保と、「二丁目に捨てるゴミ無し」との断言との間の大きな距離が考えられなければならない。改めて考えるまでもなく、全てのゲイ男性が新宿二丁目で好みの相手と性愛の関係を結べるわけはない。端的に表現すれば、「ゴミ」はある。人々の好みが多様であるという事実と、誰もが必ず誰かの欲望の対象となるわけではないという事実は両立する。

したがって、ゲイ男性の嗜好は多様でありかつパターン化されているゆえ（ほぼ）全てのゲイ男性のカップリング形成が可能であるという「事実」は、むしろ、なぜそのような信憑をゲイ男性は必要としているのか、という観点から考えられなければならない。「ゴミ」はあるのになぜ「ゴミ無し」と言い募ってしまうのかこそ問われるべきなのである。

4 拒絶を包摂する

ゲイ男性による「ゴミ無し」神話の反復を考える際には、それが嗜好の類型化の思考様式を伴っていることを踏まえる必要がある。「運命の赤い糸」神話の存在が示すように、世界のどこかに性愛のパートナーが存在するという信憑はゲイ男性にかぎったものではない。したがって、「専」の思想に典型的な嗜好の類型化こそ、本章が考慮すべきゲイ男性の固有性なのである。

嗜好の類型化を考える際に参考になるのは、ゲイ男性にとってのもうひとつの重要な類型化の様式であるタチ／ネコである。男役／女役や性行為における役割分担と説明されるこれらの語の詳細については森山（2012：206-231）にて論じた。本章にとって重要なのは、「同じ」ゲイ男性のなかにあえて類型化を持ち込むことには積極的な意義がある、という点である。

端的に言えば、その意義とは、性愛をめぐるコミュニケーションにおける拒絶をゲイ男性の相互行為のネットワークの中に適切に包摂できることである。多くの例外はあるにせよ、タチとネコの組み合わせが一般的とされるこの語の論理を取り入れることによって、「あなたが私の性愛の対象にならないのは、不幸なことにあなたも私もネコだからである」という形で、角を立てずに相手の誘いを断ることが可能になる。(6) 類型とその組み合わせに関する「一般論」は、(少なくとも表向きは) 拒絶の息苦しさを解除する。

ゲイ男性の相互行為のネットワークの存続のためには、拒絶をその息苦しさを解除しつつ包摂することは決定的に重要である。ゲイ男性はゲイ男性の相互行為のネットワークの中で性愛の対象と出会うことが多く、またそれを期待して個人がゲイ男性のネットワークに参入することも多いが、そこで拒絶される経験を多く積めば当然その個人のネットワーク内の活動に対する動機付けは弱くなる。それはネットワークそのものの凝集性を低め、その空中分解を引き起こす原因となりかねない。自由意志によるカップリング形成を否定しない限り性愛をめぐるコミュニケーションにおける拒絶は不可避であり、したがって類型化がもたらす拒絶の穏便化とその適切な包摂が重要となるのである。

全く同じことが「専」をめぐる議論にも当てはまる。「あなたが私の性愛の対象にならないのは、不幸なことにあなたは私より年下でかつ私は老け専だからである」という拒絶の穏便化が類型化によって可能になっている。あらかじめ「○○専である」と宣言しておけば、拒絶にいたるような出会いを前もって避けることも可能である。「専」の思想は、拒絶を飼い慣らすことによってカップリング形成の可能性を高めている。

したがって、「二丁目に捨てるゴミ無し」という「格言」と「専」の思想の結びつきは、性愛をめぐるコミュニケーションが不可避的に発生させる拒絶の実践の、ゲイ男性同士の相互行為のネットワークの中への包摂という観点から理解されるべきである。ゲイ男性が「あなた好みではないけれど私にはイケる」と語るのは、単に個々のゲイ男性の嗜好が多様であるゆえでなく、それがゲイ男性の相互行為のネットワークの存立に適合的な語りの様式だからである。

5 選べる人、とその他大勢

とはいえ「専」の思想は、自らの性愛の対象との上首尾な出会いを求める個々のゲイ男性にとって常に役立つものではない。なぜなら嗜好の類型化による「棲み分け」は、基本的に出会いの間口をあらかじめ狭めてしまう戦略だからである。個々のゲイ男性にとっては相互行為のネットワークの存立よりも性愛の対象との出会いが重要であることが当然多いので、その目的に適わないのであれば、拒絶の包摂を可能にする類型化の発想に基づかない実践も当然おこなう。

このことを象徴するのが、嗜好の類型化とは呼べないようなタイプの「○○専」の存在である。すでに『Badi』一九九九年一一月号には「ふつう専の謎」という特集記事が存在する。「ふつう専」が「謎」であるとの表現には、さまざまな特徴に注目した「〇〇専」から一周回っての「ふつう」への嗜好は特殊な「〇〇専」の形であり、珍しくはないがしかし「〇〇専」の体をなしていないとの当時のゲイ男性の感覚が反映されている（二〇二四年現在ではこの語はほとんど使用されていない）。また、特に好みのタイプがなく、「誰でもよい」ことから来た「誰専」という言葉は、本章のために調査した資料の中でも『G-men』一九九九年一一月号（三一四頁）に注釈のいらない一般的な語として掲載されている。この語は現在でもよく用いられている。

しかし、現在では嗜好の類型化戦略としての「専」の思想からの離反が、間口を拡げる「弱者」の戦略としてではなくむしろ性愛関係の「強者」による率直な他者の選別の形で用いられることもしばしばである。ここ十数年でゲイ男性にしばしば用いられるようになった「選ぶ誰専」という言葉がそのことを如実に示している。「選ぶ」なら「誰でもよい」はずはないので「選ぶ誰専」は撞着語法に見えるが、その意味するところは「太っていても／痩せていても／筋肉質でも／年上でも／年下でも…etc. かまわないが、そのジャンルの中で容姿のレベルが高い人が好み」というものである。ほぼ同じ意味の言葉として「上澄み専」がある。容姿の類型化によって拒絶を包摂しつつ性愛の対象と出会う、といった繊細な作業から遠ざかり、「好みだと思った人が好みのタイプ」というトートロジーにゲイ男性の嗜好をめぐる思考様式と実践が回収されているのである（したがって、「選ぶ誰専」「上澄み専」を自称することは「上から目線」であるとして反感の対象にもなる）。

そして、インターネット通信やスマートフォンに関する通信技術の変化がこの傾向と関連している。一九九〇年代後半には、さまざまなゲイ男性向けインターネットサイトにおける出会い系掲示板に、どのような相手を探しているかを示すアイコンを選択する仕様が実装されていた[7]。出会いを求める多様なメッセージを一覧しつつ、その中から特定の類型にアクセスすることが一般的だったのである。しかし二〇〇〇年代後半以降、スマートフォンのＧＰＳ機能を用いた出会い系アプリケーションが（特に若年層の）ゲイ男性に普及すると状況は変化する。出会いを求めるコンタクトを頻繁に受け、応える相手を選ぶ余裕のある人は、自分の嗜好しないタイプの人間を年齢、身長、体重、その他の特徴などをもとにフィルタリングしその情報を非表示にすることができる。他方でその他の人間は全ての類型の人間の情報を表示して＝最大限間口を広げて出会いに備える。

もはや人的なネットワークの中での出会いの諸形式は、テクノロジーにとって代わられているのである。依然として「専」という言葉は廃れてはいないが、二〇一〇年代以降のゲイ男性向けアプリケーションには、多くのゲイ男性からオンラインでアプローチを受けた人間を「人気ユーザー」として表示する機能を実装したものもある。この機能は、多くの人から好まれる＝「客観的」な魅力を持つ人間と、そのような魅力に乏しい人間とを一元的に区別するものとなっている。

結局のところ、テクノロジーによって一元的に多様なゲイ男性とコンタクトをとりうる可能性が出来ることと関連しつつ、「専」の思想や類型化による「棲み分け」は後景化し、間口を狭められることが一種の「特権」であるような状況が生まれている。「出会い」を選択できる人と選ばれない人の格差が発生しているのである。

6　ゆるやかな滑落

「専」の思想に代表されるような、嗜好の多様性とその類型化は徐々に掘り崩されている。「〇〇専だから」という言明によってやんわりと拒絶の応酬をこなしていく事態は、スマートフォンに表示されるゲイ男性の画像一覧を見つつ一部の「モテる」人間がその中から選び、その他大勢は一覧の中から選ばれることを夢見つつ自らの画像を「晒し」続ける実践にとって代わられた。選ぶことと選ばれること（というよりはほとんどのゲイ男性にとっては、選びそこね選ばれそこね続けること）の荒野の中に、ゲイ男性は丸腰で投げ出される。(8)

この事態を、「イケる」の意味論から「イケてる」の意味論へのゆるやかな滑落と表現することができる。もはや特定の類型にカテゴライズされることによってその類型を好む者から選ばれる＝「イケる」と思ってもらうことは容易ではない。もっと一般的な意味で「イケてる」か否かが結局のところ重要なのである。出会いの経路がゲイ男性の人的ネットワークへの接続によって支えられていた頃は、そのネットワークの存続要件自体が幸運にもどんな人にも「希少価値」を与えていた（という信憑が与えられていた）。しかしインターネットとスマートフォンの普及による経路の直通は逆説的にもゲイ男性から「希少価値」を奪ってしまったのである。残されたのは、多くのゲイ男性が「イケ（てる）メン」ではない、というそこそこに悲惨な事実の突きつけである。

とはいえ、ゲイ男性にとって「イケ（てる）メン（ズ）」概念はつらい。「二丁目に捨てるゴミ無し」なわけもないことを分かった上でも、それでも「イケる」概念に乗るほうがずっと楽である。「蓼食《たで》う虫も好き好き」をゲイ男性のネットワークが下支えするのであれば、その方がずっとゲイ男性には生きやすい。

したがって、ゲイ男性は「イケ（てる）メン（ズ）」という語を用い、それを賛美し、そうでない自分にゆるやかに絶望しながら、それでも「イケる」の意味論にしたたかに乗ることをやめないだろう。スマートフォンの中の荒野で選ばれそこね続けながら、「誰がイケる」「誰がイケない」などとあけすけに語ることは、「イケメン」をめぐる息苦しさをさりげなくずらしていくゲイ男性の生存戦略である。ゲイ男性が数十年もの間そうやって出会い続け、その都度新しい関係を築いてきたことは、誰もが羨み、それゆえに手の届かない「イケメン」を想起して嘆息するのに比べれば、それなりに現実的で、清々しく、幸福なことであるように私には思われる。

註

(1) しかし、実はこの「イカニモ」系がどのような容姿のゲイ男性を指し示すかについては、時代的な変遷があるだけでなく、二〇〇〇年代には共通の像が結ばなくなるという事態も起きている。後者について森山(2012：159-160)で検討した。
(2) 一九九九年の『G-men』の中では、「SG系(=スーパーがっちり=「体育会系デブ」)」「熊系」といった当時一般的な名称の他に、「MG系(=Mature Guys=髭面で大柄な中年男性)」のような語を積極的に打ち出している(が、この語は現在では完全に廃れている)。
(3) これは日本語の語感としてそうである。厳密にパラレルではないが次のような例で説明できる。「閉まっている扉」は現に閉まっているが、「閉まる扉」という表現は誰かが閉めることを前提としており、「それ、閉まる扉?」「堅くて私には閉められないけど、あなたなら閉められるかも」という事態がありうる。
(4) 私自身はこの言葉を二〇〇三年頃に(サセコほか 2000：40；吉田、伏見 2000：140)を読んで初めて知った。これらの書籍の編者である伏見憲明は、本節本文中での引用箇所からも明らかなように、ゲイ男性の好みが分化しているという事態を好意的に捉えている。
(5) 同じ意味の「豆専」という表現も『Badi』二〇〇〇年一〇月号(七四頁)に発見したが、今はこの表現はほとんど用いられない。同じく今では全く用いられない言葉として、「リッ専」=金持ちが嗜好の対象であることの表現も『Badi』の二〇〇〇年一〇月号(三三〇頁)に発見した。このように「専」の内容が容姿ではない部分に求められる場合もある。
(6) タチ/ネコのカテゴリは個人が選択可能であり、したがって全く逆に相手に合わせてカテゴリを名乗り換えることでカップリング形成を目論むことも可能である。森山(2012)ではその戦略事態がタチ/ネコという語の論理によって下支えされていることを論じた。
(7) この仕様自体は『Badi』や『G-men』などのゲイ雑誌の出会い系通信欄でそれ以前から一般的であった。
(8) ゲイ男性は「「むき出し」の選別過程に放擲される(「ネオリベラリズム」が解となる)」(森山 2012：168)。

文献

伏見憲明 2005「欲望の着地点をどこに定めるのか」伏見憲明編『クィア・ジャパン・リターンズ vol.1』ポット出版、三三―三六頁
森山至貴 2012『「ゲイコミュニティ」の社会学』勁草書房
サセコ、ジュンコ、ナヨミ、森村昌生、伏見憲明 2000「ブス釜座談会 ブスでも女装でもオネェでも」伏見憲明編『クィア・ジャパン vol.3 魅惑のブス』勁草書房、一二八―四二頁
吉田秋生、伏見憲明 2000「吉田秋生の世界」伏見憲明編『クィア・ジャパン vol.2 変態するサラリーマン』勁草書房、一三一―一四四頁

本章執筆のために以下の雑誌を参照した。
『Badi』一九九九年一月号、二〇〇〇年二、五、一〇月各号、二〇〇一年四、五月各号、テラ出版
『G-men』一九九八年三、七、一〇月各号、一九九九年七、九、一一、一二月各号、古川書房

第3章　ないことにされる、でもあってほしくない
――「ゲイの男性性」をめぐって

1　「の」は「も」でしかないのか？

本章では「ゲイの男性性」という言葉の持つある種の曖昧さを導きの糸に、ゲイ[1]が男性をめぐる議論の布置の中で（そして場合によっては男性中心主義社会の中で）どのような位置に追いやられているのかを考える。しかし、この宣言はさっそく当然の疑問に晒されうるだろう。すなわち、「ゲイの男性性」という言葉のどこに曖昧さがあるのか？　ゲイもまた男性なのだから、ゲイに男性性があったとしても不思議はないではないか。

本章でとりあげたい曖昧さに適切に焦点を当てるため、ふたつの点についてあらかじめ整理の上、議論が脇道に沿れる可能性を塞いでおきたい。この整理によって、先の当然の疑問をまずは

解消しつつ、本章の中心的な話題へと歩を進めることが可能になるはずである。それらの点とは、具体的には男性性という言葉の基礎的な意味、一般性に関するゆるやかな基準についてである。

第一に、本章では男性性という言葉を、「男らしさ」という意味で用いる。[2] ほぼ自明な前提をこうして確認するのは、日本語の男性性という言葉は場合によっては「男性であるという性質」、すなわち単なる属性を指すと解釈される可能性があるからである。たとえば、「アンケートの性別欄から、男性性を持つ回答者のデータを抽出した」などという場合、単に男性という属性の回答者を抽出したということであり、「男らしい」回答者を抽出したわけではない。もちろん、この例の不自然さからもわかるように、男性性という言葉は通常「男らしさ」と互換的に使われることの方が多く、さらに言うならば、属性と男らしさのどちらを指しているのかについて、男性性という表現の個々の使用を厳密に分類することも不可能だろう。性別という属性を単に指す表現、という形容は、少なくとも男性性という言葉に対しては乱暴にすぎる。したがって、性別に関する「単なる」属性などではなく、むしろそこに「積み増される」性質が指し示されている（はずの）表現として本章では男性性という言葉を理解し用いる、という点をひとまず確認しておきたい。すなわち、「ゲイもまた男性なのだからゲイに男性性がある」という言明を、「ゲイもまた男性という属性を持つ人間なのだから、その属性自体を性質として持っている」というトートロジーとは解釈しない、ということである。

第二に、対象となる属性を持つ全員がその性質を保持していることを男性性の条件とはしない。

そもそも、男性性という言葉はそのように厳格には用いられていないはずである（もしそのように厳格に用いれば、この世に男性性など存在しなくなってしまう）。したがって、本章では男性性を、（特定の属性を持つ）男性によく見られる「男らしさ」といったゆるやかな意味で用いる。ここでもまたほぼ自明のことを確認したのは、全称命題の妥当性をめぐる議論の袋小路に本章が入るのを避けるためである。すなわち、すべてのゲイがその性質を保持しているとはかぎらないから「ゲイの男性性は存在しない」といった極端な議論に本章は与しない。

ここまでの確認をまとめ直し、「ゲイの男性性」を、全員がそうではないという理由で否定せず（第二の点）、かといって単にゲイ男性も男性であるという事実と捉えるのではなく（第一の点）、ゲイの保持する「男らしさ」の問題として考える、という本章の方針を設定する。この方針はそれ単体としてはほぼ何も言っていないに等しい些細なものだが、先取り的に述べてしまえば、本章のとりあげるいくつかの議論において、この方針をめぐる論点が生起していることを確認していくことになる。

残る、そして本章が焦点を当てる曖昧さとは、「ゲイの男性性」が「ゲイも保持している一般的な男性性」のことを指しているのか、「ゲイ固有の男性性」のことを指しているのかは、この言葉だけからはわからないという点である。すなわちここでの助詞「の」が、ふたつの名詞をいかなる意味で結びつけているのかが問題となるのである。

さらに一歩進めて、「ゲイも保持している一般的な男性性」という言葉で、「ゲイの男性性」ではなく「ゲイ固有の男性性」のことを指すことはできるのだろうか、と問いを立てても曖昧さをめぐる議論は大きくは損なわれないだろう。なぜなら、「一般的な男性性」は文字通り「一般的」であるがゆえにその存在を前提としてよいだろうから、ここでの議論の焦点はゲイの固有性の存否に限定されるからである。本章では、「ゲイの男性性」を「ゲイ固有の男性性」と考えること（の困難）について考察していくことになる。

2 「ゲイの男性性」＝「従属的男性性」？

もちろん、「ゲイ固有の男性性」を「一般的な男性性」なるものと異なるものと考える可能性は、すでに複数の男性性（masculinities）をめぐる議論によって準備されていると考えることができる。現に、複数の男性性という立場を明確に打ち出したレイウィン・コンネルは、まさしく『複数の男性性（Masculinities）』（Connell［1995］2005）と題された著作の中で、ゲイについて言及している。

しかし、複数の男性性という前提が「ゲイ固有の男性性」についての言及を必ずしも帰結しないという事実を、まさにコンネルのこの著作の中から導き出すことができる。本節ではコンネルの議論を要約しつつ、「ゲイ固有の男性性」の捉えがたさについて考察する。

コンネルが『複数の男性性』の中でゲイについて触れているのは大きく分けて二箇所、従属的男性性（subordinated masculinity）について述べた箇所（Connell［1995］2005：78-79）および「ゲイの男性性（gay masculinity）」について書かれた第六章（Connell［1995］2005：143-163）である。しかし、両者の記述のいずれも、実は「ゲイ固有の男性性」について書かれたものとは言いがたい。

まず、従属的男性性は従属的な立場に置かれた者特有の男性性を指す言葉ではなく、従属的な立場におかれる男性は男らしさを見出されなかったり剥奪されたりする、という事態を説明するために用いられている言葉である。よく知られているように、コンネル自身は「覇権的男性性（hegemonic masculinity）」「共犯的男性性（complicit masculinity）」「従属的男性性（subordinated masculinity）」「周縁的男性性（marginalized masculinity）」という男性性の四つの類型を提示しているが、これは男性の四類型でないのはもちろんのこと、「男らしさ」の四類型でもない。もっとも価値の高い「男らしさ」（覇権的男性性）、それを持つことはかなわないがそれに取り入り利得を得るタイプの「男らしさ」（共犯的男性性）、マジョリティと異なる人種や階級の男性に特有の男らしさ（周縁的男性性）については「男性性」と「男らしさ」を同じ意味と考えても矛盾はない。しかし、「従属的男性性」はむしろ「男らしさ」の欠如を指し示している。コンネルにおいて「男性性（masculinity）」という概念は、「男らしい（masculine）」というよりも、特定の男性に付与される（時に「男らしく」なくすらある）性質、という意味を持つのである。

コンネルの「従属的男性性」概念のこうした特徴は、この概念の例としてゲイが「女らしさ

（femininity）」に結びつけられるという事態がとりあげられていることからも明らかである。ここでの「男性性」は「男らしさ」にむしろ対立しており、言及されているのはいわば「男らしくないという男性性」である。ゲイ特有の「男らしさ」については言及されない[3]。

したがって、ゲイに関するコンネルの『複数の男性性』第六章での記述は、ゲイ固有の「男らしさ」についてではなく、ゲイの「男らしくなさ」という論点に関するものとなる。といっても、実際にコンネルがおこなうのは、いかにゲイが異性愛男性とかわらず「男らしい」か示す作業である。コンネルは、ゲイの「従属的男性性」としてのイメージを八名の男性へのインタビュー調査によって覆そうとするのである。

コンネルの記述の要点は大まかに（1）同性愛者としてのアイデンティティの形成（あるいは形成しない）過程の複雑さに関する点、（2）ゲイは異性愛男性とかわらず「男らしい」という点、（3）にもかかわらずゲイだと知られることによって「男らしさ」が剥奪される点、の三つに分けられる。（1）に関しては、男性同士のセックスが同性愛者としての自覚を行為者にもたらすわけではなく、行為とアイデンティティの関係は複雑であり、また鍵をにぎるのはゲイのサブカルチャー（subculture）への参入であるとコンネルは示す。同性愛者のアイデンティティの由来を幼少期の家族関係（の不全）に求める（精神分析的な）アプローチに対する反論として、コンネルがこのような記述を必要としたのは、十分に理解可能である。

本章の関心にとって重要なのは、（2）と（3）、すなわちコンネルがゲイの「男らしさ」を異性愛男性の「男らしさ」と重なるようなものとして描き、かつその男らしさが剥奪される可能性について言及した点である。八人のインタビュイーは、必ずしも全員が自身をゲイとアイデンティファイしているわけではない。男性との性行為があるにもかかわらずそれぞれのアイデンティティが異なることは、裏を返せばゲイであることがそれほど異性愛男性とかけ離れたものではなく、したがってそれぞれの考える「男らしさ」もそう隔たってはいないことを示唆する。現にコンネルは、インタビューの中からゲイが体現しようとする「男らしさ」が異性愛男性とそう違わないことを明らかにする。前節で指摘した第二の点に引きつけて表現し直せば、「よく見られる」男性性は、女っぽさ（femininity）ではなく異性愛男性とかわらない「男らしさ」であるとコンネルは明らかにしたのである。そのことを示すかのように、この章のタイトルは A Very Straight Gay である。

ゲイと異性愛男性の「男らしさ」が重なると指摘するがゆえ、コンネルがゲイを異性愛男性と差異化する点は、その「男らしさ」の内実ではなく、ゲイは自身がゲイだと知られるとその「男らしさ」を剥奪されるという特徴に実質的に還元される。もちろんこれはコンネル自身の従属的男性性という概念と整合的である。しかしここで重要なのは、男性性に関するゲイの固有性を語ろうとするこの場面においてですら、ゲイに固有の「男らしさ」については記述されない、という点である。

コンネルにおいては、男性性という概念を「男らしくなさ」を含むものへと拡張すれば「ゲイの男性性」を記述することができるが、男性性を「男らしさ」と解した場合「ゲイの男性性」は「ゲイも保持している一般的な男性性」を記述することしかできなくなる。ゲイの固有性は、ゲイが「男らしくない」という逆向きの言及によってしか記述されていないのである。

コンネルの議論からは、「ゲイの男性性」とは不在の男性性であり、その固有の内実が語られようとする瞬間、異性愛男性のそれに吸収されがちなのではないかと示唆される。少なくともここには、ゲイ固有の男性性を記述しようとする試みの困難、あるいはそれを記述することにまつわる非意図的な屈曲が存在すると推察される。

3　バトラーとセジウィック

ゲイの男性性についての記述が、異性愛男性の男性性に重なりかつその固有のあり方への言及を伴わない事態を、ジュディス・バトラーやイヴ・K・セジウィックの議論の中にも発見することができる。ここではバトラーの『ジェンダー・トラブル』(Butler 1990＝1999) 内のゲイアイデンティティに関する記述および、セジウィックの『男同士の絆』(Sedgwick 1985＝2001) におけるホモソーシャリティに関する記述から「ゲイ固有の男性性」の不在を取り出す。

パロディとパスティーシュを区別するフレドリック・ジェイムスンを応用するなら、ゲイのアイデンティティは、パスティーシュとして理解した方がいいだろう。ジェイムスンの説では、パロディは、それがコピーするオリジナルに対してある種の共感をまだ感じているが、パスティーシュは「オリジナル」の可能性に対して異を唱え、とくにそれがジェンダーにまつわる場合パスティーシュは、失敗なくコピーすることがそもそも不可能な幻の理想をコピーしようとして、かならず失敗するものだと言う。(Butler 1990 = 1999 : 268–269)

異性愛男性への重なりとそれゆえの「ゲイ固有の男性性」の不在というコンネルが指摘したのと同じ事態が、コンネルとは全く異なる文脈での記述であるにもかかわらず描かれている。この引用は『ジェンダー・トラブル』内の注のひとつであるが、その注は、ゲイと「ストレート」のジェンダーに関する記述の箇所に付されている。引用は第一義的にはゲイと異性愛男性が「男性である」ことに関するものだが、性的スタイルや性差に関する「ゲイ特有の言説」(Butler 1990 = 1999 : 69) を議論している箇所に付された注ゆえ、この引用を「ゲイの男性性」に関するものとして捉えても矛盾はない。「オリジナル」の可能性に異を唱えるとしても、それが「かならず失敗するもの」だとすれば、ここでも「ゲイ固有の男性性」はその内実を異性愛男性の男性性と重ねつつ、「失敗」という形で不在のものとされるのである。

セジウィックのホモソーシャリティ概念の説明においては、異性愛男性がゲイに接近し重なる、というこれまでとは逆向きの記述がなされるが、それゆえにまたしても「ゲイ固有の男性性」は不在となる。セジウィックはコンネルのように異性愛男性の「男性性」に重なるゲイの「男性性」については語らず、異性愛男性の「男性性」のあり方がゲイのあり方に重なることを論じる。異性愛男性は「男らしく」あるために、ゲイのようになるという「危険」を冒さなければならない。

男性にとって男らしい男になることと「男に興味がある」男になることとの間には、不可視の、注意深くぼかされた、つねにすでに引かれた境界線しかないわけだ。(Sedgwick 1985＝2001：137)

しかし、異性愛男性がゲイのようになる(＝ホモソーシャルな絆に参入する)時、そこには慣れるべき「ゲイの男性性」の特徴が存在するわけではなく、むしろそれが存在しないことが重要である。

すなわち、自身がホモフォビックな「無差別」攻撃を受けるのかどうか、同性愛者にわからないようにしておかなければならない(must not)のはもちろん、「自分は同性愛者ではない」(他の男性との絆が同性愛的ではない)という確信を誰ひとりとして持ちえないようにしておか

なければならなかった（must not）のである。（Sedgwick 1985＝2001：135）

ホモソーシャルな絆に関するセジウィックの記述は、まさに同性愛ではなくホモソーシャルな絆の方が著作の主題であるという理由および、ホモソーシャルな絆にとって「ゲイの男性性」の特徴はむしろ存在し認識されてはならないものという理由によって、「ゲイ固有の男性性」についてはやはり触れられない。しかしセジウィックが明らかにするのは、異性愛男性との関係性においてて語ろうとすると「ゲイ固有の男性性」については語らないでおかざるをえない、という異性愛主義社会の要請であった（コンネルやバトラーの記述もまたこの要請に従ったものであるとまでは考えられないが）。それゆえ、異性愛男性との類似性の有無という限定を解除することで「ゲイ固有の男性性」は記述可能かもしれないと考えることができる。

4　「ホモズ」から「イカホモ」へ

異性愛男性を参照項としない形でゲイの特有性を記述しようとした人物として、本節ではまずレオ・ベルサーニをとりあげる。ベルサーニはその著作に『ホモズ（Homos）』（Bersani 1995）というタイトルのものがあることからも明らかなように、「お行儀のよさ」に反旗を翻し挑発的なまでにゲイの固有性について語ろうとするからである。そしてこの「お行儀のよさ」の拒絶は、何よりもまずゲイのセックスのあり方の分析という形で提示される。

ベルサーニはゲイの固有性をセックスのあり方から語ろうとするが、そのセックスとは具体的には、男性同士の肛門性交である。(4) 男女のセックスと異なり、複数名による挿入の連鎖が無限に可能である点から、ベルサーニは男性同士の肛門性交を同一性にもとづく非人称的ナルシシズムに結びつけ、称揚するのである。同一（homo）のものたち（-s）の関係性を賛美するために、差別的な含みを持つ「ホモ」という単語が流用され、ゲイたちは「ホモズ」と名指される。(5)

ベルサーニがゲイ固有のセックスのあり方としてとりわけ高く称揚するのがベアバッキング（コンドームをつけない男性間のセックス）である。ときにはＨＩＶウィルスが感染するのも厭わず、むしろその危険性にこそ快楽を感じ、また選り好みせずに他者の精液を受容しようとしさえするベアバッキングの実践者たちに究極の非人称的ナルシシズムを見てとるベルサーニの姿勢は、「非人称的ナルシシズム」概念自体の有効性を脇においておけば、少なくとも一貫した基準によって諸実践を評価しているとは言える。

しかし、はっきりと異性愛男性との差異を表明し、挑発的であるベアバッキングの文化すら、むしろ異性愛男性の「男性性」とそう変わらない特質を持ってしまっている。ベアバッキング研究の第一人者であるティム・ディーンは次のように指摘している。

ベアバッキングの文化が愛国主義的文化と同質の倫理を保持（し、かつベアバッキングの実践者が軍国主義のエロスを受容）するかぎりにおいて、ベアバッキングは擁護されうる。（Dean 2009：58　訳は引用者による）

ベアバッキングの文化が倫理的に困ったものになるのは、それがメインストリームから徹底して逸脱しているというより、メインストリームを維持することにある。（Dean 2009：58　訳はBersani & Philips［2008＝2012：93］による）

つまり、かなり挑発的に見えるベアバッキングの文化においてさえ、その基本的な倫理は愛国主義や軍国主義といった、異性愛男性に古くから結び付けられてきた男性性と大差ないのである。このようにやはり「ゲイ固有の男性性」について言及するのは難しいのだ、と結論づけたいが、選ぶ題材が不適切だからではという疑問は当然ありうる。

では、特定の現象や要素ではなく、「ゲイらしさ」としてまとめあげられる要素の中に「男性性」を見てとることは可能だろうか。たとえば、ゲイ・クローン（gay clone）と呼ばれる、判で押したように（それゆえ「クローン」である）筋骨隆々で、リーバイスの501とワークブーツを履き、ボマージャケットやフード付きのスウェットを着て、髪は短くマルボロを吸うゲイたちはどうだろうか（Levine 1998：7）。一九七〇年代にニューヨークを中心に流行したゲイのこのスタイルは、明らかに「男性性」を保持しているものだろう。

日本にも「イカニモ」「イカホモ」といった、「ゲイの固有性」をまとめあげた人物類型がある。その内実は時代とともに変化しており、またそのイメージがゲイ自身にとって必ずしも共有されているとは限らないが（森山 2012：159-160）、しかし、短髪、髭、体格の良さといった共通項を通時的に保持するこの類型が、「男らしい」ものであることは疑いえないだろう。

しかし、ここで注目すべきは、ゲイに固有の特徴でかつ「男らしい」といって差し支えないこれらの要素を「ゲイ固有の男性性」とみなすことは、可能だがあまりありそうにない、という事実である。すなわち、それは単に「ゲイらしい」要素であって、「ゲイらしい男らしさ」としては言及されないのではないか。たとえば、沖縄県のゲイをユーザとして想定したインターネット掲示板の書き込みを分析した金城（2010：54）は、「〜っぽい」という助動詞に着目し、「ノンケっぽい」「男っぽい」が評価され、「女っぽい」がはっきりと否定的に評価されていると明らかにしている。ここからわかるのは、ゲイ自身も異性愛男性のようでかつ「男らしい」相手を求めており、かつ、そのような相手は「ゲイ固有の男性性」と言えるような特徴を持つゲイよりも高く評価されることである。「ヒゲ生やしたり坊主にしたり」した「イカホモ」は「多くの人から賛同を受け」ることはなく、「根強い」「気持ち悪い」という感覚にさらされるだろうと「突き放して見ている」ゲイ自身も存在する（森山 2012：196-197）。

ゲイの特有の「男らしい」特徴は「ゲイらしさ」に回収され、「男らしさ」は「異性愛男性の男らしさ」と同等のものとされるとすれば、やはりここでも、「ゲイ固有の男性性」をそれとして取り出すことは困難である。それゆえ、「ゲイの男性性」は、それが言われる時はまたしても「ゲイも保持している一般的な男性性」になりがちなのではないか。

5　女の男性性

「ゲイの男性性」が「ゲイも保持している一般的な男性性」に横滑りしがちな理由を考えるにあたって、ジュディス・ハルバーシュタムの「女の男性性（female masculinity）」をめぐる議論が参考になる（Halberstam 1998）。ハルバーシュタムは、男性の「女性性」ないし「女性的」な男性（すでに繰り返し述べているように、ゲイに対するイメージに典型的である）については多くの言及があるにもかかわらず、女性の「男性性」あるいは「男性的」な女性については話題にのぼらないことを指摘し、「女の男性性に対する社会的無関心という特性に注意を喚起しよう」とする（Halberstam 2008：143）。

女の男性性を考えるにあたっての典型例としてハルバーシュタムはトイレに言及し、男性トイレよりも女性トイレの方が苛烈な「性別の取り締まり（gender policing）」の場となると論じている。「女性トイレにおいては、ＭＴＦの女性だけではなくジェンダーの曖昧なすべての女性が細々と点検される（scrutinized）が、男性トイレにおいては、生物学的な男性が場違いとされることはほぼない」（Halberstam 1998：28 強調原文　訳は引用者）。(6)

トイレの例が示しているのは、「男でありさえすれば」という意味での男性性の許容範囲の「広さ」である。「逸脱」がすぐさま「女性的」とみなされる点において、認められる男性性はとても狭く、「男らしくあれ」という命令はとても強い。他方で、ある種の条件をみたしさえすれば「男性である」とあっさり認定されるという点において男性性は広く、「男であれ」という命令は弱くもある（本章第一節で第一の点として指摘したように、「男性性」が「男である」という性質に引き寄せられてしまう）。

そして、「男らしくあれ」と「男でありさえすれば」が表裏一体であるがゆえに、男性ではあるが「普通の」男性＝異性愛男性ではないゲイの、ゲイとしての「男らしくあれ」という命令の遵守＝「ゲイの男性性」はその居場所を失う。「ゲイらしい男らしさ」は、「男であること」の条件の特性上、そもそも困難なのである。それどころか、そこに「ゲイの男性性」の居場所は不要である、と考えるゲイも少なくない。古くは異性愛男性とかわらず「男らしい」ゲイ像を普及させようとしたホモファイル運動（Jagose 1996：26；河口 2003：12-13）の担い手から、「よき市民」として異性愛主義社会に溶け込もうとする「新しいホモノーマティヴィティ」（Duggan 2003；Whitehead 2012）の実践者たるゲイまで、「ゲイ固有の男性性」はそもそも「ゲイも保持している一般的な男性性」であるべきだと考えるゲイもまた多い。

6 「ゲイの男性性」が必要、なのか？

ゲイに固有の「男らしさ」は「ゲイらしさ」に回収され、男性性の一般的な特性上ゲイが保持する男性性は「一般的な」男性性に回収される。いくつかの研究の間を縫うようにしてたどり着いた、「ゲイ固有の男性性」についての言及がいかに困難かについての理由は以上のようなものである。言及の困難から議論を拡大することもできる。すなわち、異性愛主義社会においては「ゲイ固有の男性性」が困難であるという意味でゲイの居場所がない、とすら言いうるのではないか。

しかし、では私自身がこのようなあり方に抗して「ゲイの男性性」をまさに「ゲイ固有の男性性」として確立したいと思っているのかと問われれば、それは明確に違う、と答えたい。「男らしさ」なんてまっぴらだ、という素朴な直感を私は抱いているからである。したがって、私が「ゲイの男性性」をそれ固有のものとして取り出したいと願うのは、むしろ取り出されたそれ（のたとえば性差別性）を批判し放擲《ほうてき》したいからにほかならない。それが見つからないことはゲイの居場所のなさと繋がっているが、見つかったそれは適切に（自己）批判し放擲しなければならない……そのような問いに満ちた要素として「ゲイの男性性」は捉えられるべきである。もっと素朴に言えば、「そんなものは見つからないでほしい」と思いつつも見つけてきっちり批判しなければならない、厄介なしろもの、それが「ゲイの男性性」なのである。

註

（1）ゲイ（gay）は男性同性愛者だけでなく同性愛者の男女をまとめて指す場合もあるが、本章では（「ゲイ男性の男性性」などという表現が冗長になってしまうので）男性同性愛者のことを指す。引用に基づく議論においても各引用元の著者が用いるgayという言葉が男性同性愛者のことを指していることを確認している。

（2）本章のとりあげるさまざまな先行研究（の日本語訳）において、「男性性」はmasculinityという単語の訳語として用いられているため、本章もその方針を踏襲している。ただし、本章がとりあげるコンネルの用法に典型的なように、厳密には「男性性」は「男らしさ」とは異なる場合がある。

（3）周縁的な集団特有の男性性という観点からゲイをとりあげるのであれば、むしろゲイの「周縁的男性性」を記述すればよいのではないか、という疑問が当然ありうる。たしかにコンネルは「周縁的男性性」の説明においてオスカー・ワイルドについて言及しているが、ここでの「周縁」性は階級と結び付けられている。また、ワイルドの例を「従属的男性性」の中に見られる「周縁」性とコンネルが記述していることからも、ゲイの問題をコンネル自身は「従属的男性性」と一貫して結びつけて考えていることがわかる。

（4）「直腸は墓場か」（Bersani 1988 = 1996）というタイトルの論文があることに象徴的なように、ベルサーニにおいては男性同士の性交とはオーラルセックスでもバニラセックス（挿入を伴わないセックス）でもなく、まずは肛門性交を指す。

（5）ただし、肛門性交する男性が本当にみなゲイ（あるいはバイセクシュアル男性）なのか、という問いは残されているにもかかわらず、ベルサーニが「ゲイ」あるいは「ホモズ」という言葉を用いてしまっていることには注意が必要である。たとえば、経済的理由で男性と肛門性交をする（ゆえにそこになんの快楽をも感じていない）異性愛男性はここでいうところの「非人称的ナルシシズム」の担い手であるのだろうか。快楽や欲望による境界線があり、かつ「非人称的ナルシシズム」という概念を維持するのだとすれば、たとえば「人称」という概念の精緻化が必要だろう。

（6）二〇一八年の末からインターネット上などで顕著になっている、トランスジェンダー女性の女性トイレ使用を（ときにシスジェンダー女性もが）排除しようとする動きは、まさにハルバーシュタムが記述している「取り締まり」の苛烈さをなぞる現象だろう。「男体持ち」とトランスジェンダー女性を名指し排除しようとする動きは、まさに「特異な身体」の持ち主としてトランスジェンダー女性を有徴化し排除しようとする点において、差別以外のなにものでもない。

文献

Bersani, Leo 1988 "Is the Rectum Grave?", Douglas Crimp（ed.）*AIDS : Cultural Analysis/Cultural Activism*, Cambridge : The MIT Press.（＝1996 酒井隆史訳「直腸は墓場か？」『批評空間』II-8、一一五―一四三頁）

―――― 1995 *Homos*, Cambridge : Harvard University Press.

Bersani, Leo. and Phillips, Adam 2008 *Intimacies*, Chicago and London : The University of Chicago Press.（＝2012 檜垣立哉、宮澤由歌訳『親密性』洛北出版）

Butler, Judith 1990 *Gender Trouble : Feminism and Subversion of Identity*, London and New York : Routledge.（＝1999 竹村和子訳『ジェンダー・トラブル――フェミニズムとアイデンティティの攪乱』青土社）

Connell, R. W.［1995］2005 *Masculinities 2nd edition*, Berkeley : University of California Press.

Duggan, Lisa 2003 *The Twilight of Equality?: Neoliberalism, Cultural Politics, and the Attack on Democracy*, Boston, Beacon Press.

Halberstam, Judith 1998 *Female Masculinity*, Durham : Duke University Press.

―――― 2008「女の男性性――歴史と現在」高橋愛訳、竹村和子編『欲望・暴力のレジーム――揺らぐ表象／格闘する理論（ジェンダー研究のフロンティア 第五巻）』作品社、一四二―一五三頁

Jagose, Annamarie 1996 *Queer Theory : An Introduction*, New York : New York University Press.

河口和也 2003『クィア・スタディーズ』岩波書店

金城克哉 2010「掘ってくれるタチいないっすか？――沖縄県の出会い系掲示板投稿文の軽量的分析」『論叢クィア』Vol.3、三九―六一頁

Levine, Martin P. 1998 *Gay Macho : The Life and Teath of the Homosexual Clone*, New York and London : New York University Press.

森山至貴 2012『「ゲイコミュニティ」の社会学』勁草書房

Sedgwick, Eve Kosofsky 1985 *Between Men : English Literature and Male Homosocial Desire*, New York : Columbia University Press.（＝2001 上原早苗、亀澤美由紀訳『男同士の絆――イギリス文学とホモソーシャルな欲望』名古屋大学出版会）

Whitehead, Jaye Cee 2012 *The Nupital Deal*, Chicago and London, University of Chicago Press.

第4章 「LGBT」が「活用」されれば満足ですか？

1 現在性と歴史性

多くの差別と同様、セクシュアルマイノリティに対する差別も、時代によってその内実を変化させている。たとえば、一九九〇年代の「ゲイブーム」や二〇〇四年施行の「性同一性障害の性別の取扱いの特例に関する法律」(通称「特例法」)など、セクシュアルマイノリティの可視性やQOLを高めた(少なくともその可能性を持った)歴史的事象がある。他方で、それらの「ブーム」の反動としての「バックラッシュ」もまた残念ながら存在する。

同時に、長期間に渡り継続的に、あるいは繰り返し問題化される要素もまた存在する。日本の文脈に即して振り返ると、同性愛概念の普及しはじめた一九二〇年代以降、ホモフォビア(同性愛嫌悪)が存在しなかった時代は一度もない。トランスヴェスタイト、トランスセクシュアル、トランスジェンダーという言葉がそれぞれ一九一〇年代、一九五〇年代、一九九〇年代に日本に「輸入」されたにもかかわらず、トランスフォビア（トランスジェンダー嫌悪）が存在しなかった時代も一度もない。

したがって、差別についての考察は、時代状況に応じて変化していく要素と、その背後に通底する要素の両面の検討に常に支えられていなければならないだろう。両者を共に検討することで、不変のように見える差別のあり方に現代的な様相を見てとったり、逆に現在に特有の問題に見えるものが過去にあった問題の再燃であることを確認できたりする。このような認識は、問題の適切な理解と解決のためにきわめて重要である。言わば、差別の現在性と歴史性を正確に捕捉することが必要なのである。

本章では、二〇〇〇年代以降日本のセクシュアルマイノリティが置かれる社会的文脈を検討し、過去に議論となった差別についてのある基本的な論点が再び重要なものとなっていることを主張する。現在特有の状況を踏まえつつ、その「固有性」を可能なかぎり丁寧に腑分けすることで、セクシュアルマイノリティへの差別についての議論に一定のインプリケーションを与える地点までたどり着くことが、本章の最終的な目的である。

この目的のため、本章が現代の時代状況として取り上げるのが、ネオリベラリズムと呼ばれる概念およびそれが適用される一連の事象群である。後述するように、セクシュアルマイノリティとネオリベラリズムの結びつきについては、すでに多くの考察がなされている。したがって、この方針選択は、セクシュアルマイノリティの現在を考察する際にはきわめてオーソドックスなものである。

しかし、ネオリベラリズムという語が何を指し示すかに関しては、セクシュアルマイノリティとの関連に文脈を限ってもかなりの「揺れ」がある。あるいは、セクシュアルマイノリティに関する議論を成立させるために、政治学・政治思想史や経済学の分野での一般的な定義から外れた定義をもってこの語が使用されている可能性すら存在する。

したがって本章では、まずセクシュアルマイノリティとネオリベラリズムの関連についての現況を概観した（2節）あと、ネオリベラリズムの定義についての検討（3節）をふまえた上で再度そのセクシュアルマイノリティとの関係を考察する（4節）。本章は、諸議論に含まれる「揺れ」に定位しつつ知見を引き出すことを目指す。

2　ネオリベラリズムへの取り込み

2-1　「LGBTビジネス」の諸相

セクシュアルマイノリティのネオリベラリズムへの取り込みの批判の最大の焦点のひとつは、「LGBTビジネス」である。セクシュアルマイノリティを購買・消費のターゲットとした商品・サービス、あるいはセクシュアルマイノリティ向けの広告戦略などがまとめて「ＬＧＢＴビジネス」と呼ばれている。

「ＬＧＢＴビジネス」の中でも比較的古く、一九八〇年代から既におこなわれていたのが、男性向けハイブランドの広告戦略におけるゲイ男性へのターゲティングである。たとえば、Calvin Klein は一九八二年の広告［http://explore.calvinklein.com/en_GB/timeline/1982/5］からアンダーウェア一枚のみを身につけた男性を登場させるなど、ゲイ男性の購買意欲を刺激する広告戦略を現代まで一貫してとりつづけている[1]。

また、よりはっきりと男性カップルを登場させる広告も、二〇〇〇年代以降は出現している。Abercrombie & Fitch の二〇一二年の広告［http://chuvachienes.com/2012/03/28/a-wrestlers-kiss-abercrombie-fitch-promo-clip-features-gay-kiss-between-two-models-video/］では男性同士のキスシーンが描かれ、Tiffany & Co. は二〇一五年に結婚指輪の広告に男性カップルを登場させた［http://www.huffingtonpost.com/2015/01/10/tiffany-gay-ad_n_6447830.html］。

典型的な「ＬＧＢＴビジネス」の例として次に挙げられるのが、ブライダル産業による同性カップルの捕捉である。日本でも東京ディズニーランドで同性カップルの「結婚式」がおこなわれ、また『ゼクシィ』に同性カップルの記事が毎号掲載されるなど、ブライダル産業は積極的に同性カップルを顧客として認識しはじめている［http://withnews.jp/article/f0150116001qq000000000000G0010201qq000011397A］。

小売店が積極的にゲイ男性をターゲットとすることもある。「新宿二丁目に程近い有名デパート」の二〇〇三年秋の男性用商品売場の改装により、ゲイ男性の顧客が増えたエピソードを河口和也が紹介している（河口 2003：112）。

これらの現象が、セクシュアルマイノリティへの社会意識の変化だけではなく、企業側の事情によるものであることに注意が必要である。「妻子を養う」必要のない、それゆえ可処分所得の高いゲイ男性は、価格の高いハイブランドやデパート・百貨店にとってよい顧客である。また、晩婚化や非婚化に悩む現代のブライダル産業にとって、同性カップルという新たな顧客はまさに救世主である。

したがって、「LGBTビジネス」とは、企業が消費者としての「LGBT」を当てにするようになった、あるいは当てにせざるを得なくなったという事象の帰結として読み解かれなければならない。「LGBTビジネス」からセクシュアルマイノリティへの差別の減衰を単純に結論づけることはできないのである。

2-2 「LGBT」イメージの陥穽

「LGBTビジネス」批判の理由として、「ハイセンスな消費者」という一部のセクシュアルマイノリティにしか当てはまらないイメージを、あたかもセクシュアルマイノリティ全体の特徴のように印象づけるから、というものがある。そもそも、「LGB

T」とは、高所得ゆえに消費の場面において可視性の高まった一部のセクシュアルマイノリティに過ぎない。セクシュアルマイノリティはマジョリティと比べて貧しい（人的・経済的）資源を駆使して生きていることをふまえると、むしろ積極的に「全体像」から乖離する方向へとイメージが形成されている可能性すら存在する。

また、そのような特異な「LGBT」イメージの浸透を、セクシュアルマイノリティ自らが推進してしまうことも考えられる。なぜなら、ハイセンスな消費者であり、異性愛社会の敵ではない、という主張によって社会的承認を求める戦略もありうるからである。(2)

このような状況を、セクシュアルマイノリティのネオリベラリズムへの取り込みとひとまず表現できる。後述するように、ネオリベラリズムの最大の特徴のひとつである市場原理主義が、セクシュアルマイノリティの間に分断を引き起こしているからである。セクシュアルマイノリティはひとしくみな弱者なのではなく、市場への適応度によってその立場の優劣が決定される。連帯の分断は、異性愛主義の存続可能性をよりいっそう高めることになる。

2-3　拡散する「ネオリベラリズム批判」

セクシュアルマイノリティのネオリベラリズムへの取り込みについて、二〇〇〇年代以降、クィア・スタディーズの分野を中心にさまざまな研究者から批判が提出されている。ドゥガンは、異性愛主義体制をよき消費者として高所得同性愛者が支えてしまう構造を、新しいホモノーマティヴィティ（Homonormativity）として批判した（Duggan 2003）。[3]プアは、イスラモフォビアを正当化するために、（時に同性愛者自身が）アメリカの同性愛に対する寛容性を持ち出す動きをホモナショナリズム（Homonationalism）と呼び、ネオリベラリズムの一種として批判した（Puar 2007）。

しかし、これらの批判からすでに明らかであるように、ここではネオリベラリズムという語が包含する要素がすでに拡散している。プアの例は、市場原理主義という意味でネオリベラリズムを捉えるのであれば、その内部には含まれない。しかし、後述するように、プアの批判した例こそネオリベラリズムの典型的な事例である、とする立場も十分に可能なのである。

したがって、ネオリベラリズムへのセクシュアルマイノリティの取り込みを考察するのであれば、まずそもそもセクシュアルマイノリティは何に取り込まれているかを検討しなければならない。レトリカルな表現を用いるのであれば、私たちはおぼろげな「敵」の姿をより明確に捕捉しなければならないのである。

2-4　何を、どこから批判するのか？

ネオリベラリズムとして批判されている要素が複数存在することは、そもそも批判する側がネオリベラリズムを理解できていない可能性を示唆する。現在の「左」側陣営から見ての対立項に、すべてネオリベラリズムというレッテルを貼って混乱したまま批判しているという可能性もある。

他方、それらの批判されている要素の間に関連があるならば、まとめてネオリベラリズムと呼ぶことにも意義はあるだろう。もちろん、具体的に何を指してネオリベラリズムと呼んでいるのかに齟齬がある場合は、別の語で適切に置き換えて差異を明確化する必要はある。しかし、関連性のあるいくつかの別個の要素をまとめてひとつの時代状況をあらわすことそのものが間違いだとまでは言えない。

したがって、ネオリベラリズムを批判するためには、この語の複数の意味とそれらの関連性を明らかにする必要がある。単一の定義によって正しい「ネオリベラリズム」を切り出すことは、その語を用いた批判の可能性を狭めることにもなる。大まかな網を「ネオリベラリズム」という語にかけ、その多義性をなるべく削ぎ落とさずに検討していく必要がある。

3　ネオリベラリズムとは何か

3-1　保守革命――「右」陣営の変容

ネオリベラリズムという語を検討するにあたっては、一九七〇年代に先進諸国で起きた「保守革命」について検討しなければならない。なぜならば、この語は、「保守革命」の結果台頭した新保守主義における経済思想の特徴を示す用語だからある。

保守主義	左派陣営（ニューレフト）	新保守主義
伝統的な家族観・性愛観		伝統的な家族観・性愛観
noblesse oblige 的 一応の福祉国家体制（ヨーロッパ） 市場原理主義的伝統（アメリカ）		市場原理主義 （≒ネオリベラリズム） 福祉予算の切り下げ
	ソ連との対決放棄 軍縮（アメリカ、民主党）	軍備増強路線

表１（森政稔『変貌する民主主義』をもとに筆者が作成）

「保守革命」は、一九六〇年代に台頭したニューレフト（新左翼）への反動として起こった。ニューレフトは学生運動、ヴェトナム反戦運動などと連関しつつ、既存のリベラル、社会民主主義よりもラディカルな変革を志向していた（森 2008：30-33）。

「保守革命」によって台頭したのが、新保守主義の思想である。ニューレフトと新保守主義の台頭より、左右双方からの攻撃によって先進諸国で社会民主主義は衰退することとなった（森 2008：34-37）。

3-2　新保守主義の思想

新保守主義の思想は、保守主義の思想を受け継ぐもの、保守主義の思想に反するもの、ニューレフトへの反動など、さまざまな要素を含んでいる。それらの関係性をまとめると、表1のようになる。

伝統的な家族観・性愛観は新保守主義が保守主義から受け継いだものである。異性カップルが子どもを産み育てること、性行為に関する厳格な規範などが含まれる。

新保守主義の経済思想が市場原理主義であり、これを指してネオリベラリズムと呼ぶことが多い。もともとヨーロッパの保守主義においては、特権階級が noblesse oblige として貧困層へ富の分配をすることによる、事実上の、かつ一応の福祉国家体制が存在していた。他方、アメリカの保守主義は経済的自由主義を重んじ、市場のメカニズムを政治が尊重することが推奨された。この後者の側面を引継ぎ、新保守主義は市場原理主義をその最も重要な要素として内包することになる。

軍備増強路線も、新保守主義の重要な特徴である。一九七〇年代のアメリカにおいては、ニューレフトがソ連との対決放棄を支持し、また当時の民主党政権が軍縮を志向していたため、それへの反動として軍備増強が目指された。

3-3 暫定的定義と特徴

以上のような特徴を持つ新保守主義のうちの経済思想の側面、すなわち市場原理主義をもって「ネオリベラリズム」と暫定的に定義することができる。歴史的な文脈もふまえており、また必要に応じて適切な言い換えを模索するという本章の方針からしても特に問題はないように思える。

現にネオリベラリズムの特徴は、この語を市場原理主義と捉え、経済の観点ないし、経済との関連を重視する観点から十分に説明できる。クィア・スタディーズの分野でも、ホワイトヘッドは、ネオリベラリズムの特徴として、経済の／経済に関連する三つの特徴を挙げている。すなわち、「市場における競争を国家が支持・促進すること」「市場を人為的な構築物と考え、そのはたらきを制御すべきであるとの主張」「市場経済のモデルを社会生活の諸側面に適用すること(4)」である（Whitehead 2012：7）。

ネオリベラリズムを市場原理主義と置き換えてよいのであれば、あとは「原理主義」という言葉でどこまでを指し示すのかが論点となる。ホワイトヘッドの定義にしたがえば、国家による市場の積極的な保護とその経済外の領域への移転、すなわち単なるレッセフェール式の経済的自由主義を超える側面がある市場擁護の場合、それをネオリベラリズムと呼ぶ、ということになる。

3-4　新保守主義？　ネオリベラリズム？

しかし、実際にはネオリベラリズムという語は、新保守主義と混線している。すなわち、新保守主義の三つの特徴である（1）伝統的な家族観・性愛観、（2）市場原理主義、（3）軍備増強路線のうち、ひとつないし複数を取り上げて新保守主義と呼び、あるいはネオリベラリズムと呼ぶような用法が乱立しているのである。

新保守主義、あるいはネオリベラリズムの用法について、いくつもの実例が考えられる。例えば（1）（2）（3）全ての要素を持つ政治思想を、新保守主義と呼ぶのはもちろん、ネオリベラリズムと呼ぶこともできる。たとえば後述のドゥガンは、副題にネオリベラリズムの語を含む著作（Duggan 2003）の中で先述の三つの要素に言及しそれらを包括するものとしてのネオリベラリズムについて記述している。また、（2）市場原理主義のことのみを指してネオリベラリズムと呼ぶ、厳格な用語法ももちろん存在する。同様に、（3）軍備増強路線のことを新保守主義と呼ぶこともある。アメリカの右派の政治家に対する「ネオコン」との評価はこの例となる。クィア・スタディーズの分野では（1）（2）をまとめてネオリベラリズムと呼ぶこともある。本章で取り上げた以外にも、さまざまな主張の組み合わせが新保守主義と呼ばれたり、ネオリベラリズムと呼ばれたりすることはありうるだろう。

したがって、ネオリベラリズムという言葉は厳密な定義に基づいてというよりも、ある種の「右」側陣営の主張群に対するイメージに基づいて用いられている可能性が考えられる。そのこと自体が曖昧さ、多義性ゆえのわかりにくさをこの語に与えてしまっているとも言えるだろう。

3-5 イメージと定義が揺れる理由

ただし、新保守主義やネオリベラリズムという語で語られる諸要素が、別個のものでなく相互に密接に連関している場合、これらの語の用法を曖昧イメージに基づくものとして論難することはできないだろう。記述者の混乱ではなく、記述対象の複雑性が理由ゆえの多義性だとすれば、それはそもそも解消されるべきものではなく、漏らさず探求されるべきものだからである。

現に、セクシュアルマイノリティをめぐる事象の中には、諸要素の重なりをあらわす語としてのネオリベラリズムがふさわしいものも存在する。たとえばホワイトヘッドは、アメリカの同性婚推進運動の中に、「同性婚は同性カップルの相互扶助を可能にすることで国家の福祉に対する負担を減らす」との主張があることを指摘している（Whitehead 2014）。ここでは、成員の相互扶助という伝統的な家族観への「回帰」が、国家による富の分配を忌避し市場に放擲する市場原理主義への接近と対になっている。

したがって、揺れ動くネオリベラリズム定義の各要素には、対応するセクシュアルマイノリティをめぐる現代的問題が存在すると考え、その実態を整理するためにネオリベラリズムが有効かを問い直す、という作業をするべきである。定義画定よりも、現状でネオリベラリズムという語が「揺れ」てしまう事態をそれとして認め、諸事象を取りこぼさないように丁寧にその「揺れ」を腑分けしていく作業が必要なのである。

4 構造的差別を腑分けする

4-1 指摘されている諸問題

セクシュアルマイノリティをめぐって指摘されている現代的な諸問題を、新保守主義ないしネオリベラリズムの三つの特徴にあてはめて分類することができる（表2）。前述のとおり複数にまたがる要素も当然存在するが、ここでは三つの特徴それぞれに当てはまる要素があることを示すことを主眼として、極めて単純化した分類を試みる。

家族やパートナーシップとの関連でセクシュアルマイノリティも伝統的な家族観・性愛観に

伝統的な家族観・性愛観	同性婚推進運動の保守性 「よき市民」としての「LGBT」像
市場原理主義	新しい Homonormativity （たとえば）「LGBT ビジネス」の礼賛
軍備増強路線	Homonationalism（Puar） 同性愛者の軍務禁止の廃止

表 2

のっとることが多い。モノガミーと相互扶助の精神を強調する同性婚推進運動の保守性や、社会の多数派の規範を守る市民として（性的放埒に与しないことを含む）多数派からの理解を求める主張もここに含まれるだろう。

市場原理主義についてはすでに述べたとおり、高所得の「LGBT」との結びつきが強い。たとえば新しいホモノーマティヴィティとは、浮き沈みする市場経済のバッファとして高所得同性愛者の購買力が利用され、異性愛主義を前提とした市場の存続にセクシュアルマイノリティが巻き込まれていく事態を指している。そこでは「LGBT」は市場を批判したり改良したりする契機を持つ存在ではなく、単に補強する存在となっている。日本における「LGBTビジネス」の例を再び挙げることもできるだろう。

日本の文脈では想像がやや困難だが、アメリカなどでは軍備増強路線と同性愛者の結びつきが指摘されている。前述のホモナショナリズムや、軍務に同性愛者が就くことを禁止するルールへの同性愛者の反対運動および禁止の廃止の動きなどがすでに報告されている。たとえば、アメリカでのDon't Ask Don't Tell（DADT）政策の終焉は、それまで同性愛者であることを原因に解雇されてきた隊員の職務復帰による人員増加という帰結を伴う［"President Obama Signs Repeal of Don't Ask Don't Tell", http://abcnews.go.com/

Politics/president-obama-signs-repeal-dontlaw/story?id=12457296]。同時に、オバマ大統領がDADT廃止にかかるスピーチで「我々が署名しようとしている法律は、国家安全保障の強化と、自らの生を危険に晒し防衛のために戦う男女の理想を守るものである」と述べたように、象徴的な意味での軍備増強の効果も想定されている[“Remarks by the President and Vice Presidentat Signing of the Don't Ask, Don't Tell Repeal Act of 2010”, https://www.whitehouse.gov/the-press-office/2010/12/22/remarks-president-and-vice-president-signing-dont-ask-dont-tell-repeal-a]。

以上の例に共通するのが、新保守主義ないしネオリベラリズムへのセクシュアルマイノリティのコミットメントは、自らの承認を求める要求やその見込と対になっているという点である。すなわち、新保守主義ないしネオリベラリズムを支持するゆえ、その存在を承認してほしい、とセクシュアルマイノリティが自ら主張する事態が頻発しているのが現在の状況なのである。あるいは、セクシュアルマイノリティ自身が新保守主義やネオリベラリズムを取り立てて支持していなくとも、同性婚の推進や軍隊へのセクシュアルマイノリティへの参加と言った、ある意味「リベラル」な運動や政策へとコミットすることによって、当人が意図しないにもかかわらず新保守主義やネオリベラリズムへ回収され、その強化を自発的に手助けすることになってしまう(可能性が高い)、というのが現在の状況なのである。

現代のセクシュアルマイノリティをめぐる事態は、ネオリベラリズム概念そのものの曖昧さや多義性を超え、それに巻き込まれることを全面的な抑圧としない、正確にはそう見せない複雑な

抑圧 - 被抑圧関係に帰着している。

4 - 2　承認 vs. 再分配？

ネオリベラリズムが（意味を厳格に限定したとしても）経済の優位性にかかわる思想であることを想起すれば、それと承認をもとめるセクシュアルマイノリティの関連は、「承認か再分配か？」という極めて古典的な問いの再考を促す。フレイザー（1995＝2001、1997＝1999）とバトラー（1998＝1999）の間に起こった承認と分配の関連と分離をめぐる論争が、現代的な問題として再浮上するのである。(5)

この論争は「資本主義はヘテロセクシズム（異性愛主義）を必要としているか」という問いをめぐっておこなわれた。フレイザーは資本主義体制下で活動する大企業であるコカ・コーラ社でセクシュアルマイノリティが積極的に雇用されていることなどを挙げつつ、資本主義はヘテロセクシズムをもはや必要としていないこと、セクシュアルマイノリティ差別の根幹はセクシュアルマイノリティが承認されていないことにある、と主張した。いわば、再分配と承認は現実問題として分離していると述べたのである。対してバトラーは、資本主義下の政治経済構造が異性愛家族を前提としており、言い換えれば資本主義は依然としてヘテロセクシズムを必要としていると主張する。それゆえ、承認の問題は経済、言い換えれば再分配の問題と分かちがたいと述べる。

セクシュアルマイノリティの差別が承認と再分配の問題系にどう接続されているのかこそ、バトラーとフレイザーの論争においてだけでなく現代においても重要な問いである。ネオリベラリズムが問いとして浮上したことで、承認を求める戦略のみで差別解消につながるのか、という疑念が再浮上した、と言い換えてもよいだろう。

「承認か、再分配か？」がセクシュアルマイノリティをめぐって再び重要な問いとなっていることを示す現代の具体的事例を日本国内でも見つけることができる。東京都渋谷区のいわゆる「同性パートナーシップ条例[6]」との関連で、この条例を推進した長谷部健渋谷区長は、「ＬＧＢＴ」に対する承認と、再分配の拒否を順接的に語っているのである。

> ［…］ホームレスが寝泊まりして児童公園として活用なかった場所を、ナイキに働きかけてバスケットコートなどを整備してもらった。［…］企業は宣伝になるし、渋谷区はやっぱり税金を使わないで今度は公園が整備できたのです。
>
> 次の街づくりのキーワードはダイバーシティで、パラリンピックが日本に来たら、それが普通になるかもしれないですね。ＬＧＢＴの人なども、うまく活用できないかということも考えています。［http://www.ecozzeria.jp/archive/news/2012/11/12/asa_chikyu_dai_1209.html 強調引用者］

再分配の必要性を生じさせない「弱者」こそ承認を得られる、という事態がここに現れている。一方でホームレスは、明確に富の分配によって生存が支えられなければならないにもかかわらず、あるいはそれゆえに、端的な排除の対象となっている。他方、「ＬＧＢＴ」は、「活用」されうる価値を持つものとしてしか想定されていない。実際には、セクシュアルマイノリティは社会関係資本の不足などから、マジョリティに比べ貧困の問題に直面する者が多いにもかかわらず、である。ここでも「ＬＧＢＴ」という語は、高所得なセクシュアルマイノリティというイメージをなぞるものとなっている。

したがって、現代日本のセクシュアルマイノリティをめぐる状況を、ひとまず「承認の再分配に対する勝利」と表現することができる。再分配の問題は限りなく後景化され、富める「ＬＧＢＴ」が異性愛主義に基づく社会において「承認」されるのである。そして、そのような条件付きの「承認」は、承認という語の重要性を切り崩してしまっている。

加えて重要なのは、高所得なセクシュアルマイノリティのイメージを、当のセクシュアルマイノリティ自身がむしろ積極的に打ち出すこともあるという点である。たとえば、ファッション系の情報誌『WWD Japan』の二〇一五年夏号は、「LGBT Forever」と題された特集を組みセクシュアルマイノリティの話題を取り上げている。実際にセクシュアルマイノリティ関連の社会運動を（も）しているマイノリティ当事者の写真が複数掲載されているが、その多くが高価な服装や高級車、明らかに高所得者向けの部屋での暮らしを印象づけるものである（『WWD Japan』二〇一五年夏号、六六七頁、一〇二―一〇五頁）。「社会運動」の一貫として取材を引き受けたセクシュアルマイノリティ自身が、富める「ＬＧＢＴ」イメージをむしろ浸透させる役割を担ってしまっている。

以上の事態をネオリベラリズムの問題系に引きつけて、市場原理主義とセクシュアルマイノリティが共犯関係を結んでいる、と言い換えることができる。ネオリベラリズムを市場原理主義という意味において理解するならば、まさにネオリベラリズムにセクシュアルマイノリティが取り込まれている、と表現することも可能である。しかし、やはり「ＬＧＢＴ」が「活用」されることに満足してしまってはいけないのではないだろうか？

4-3　再分配問題への還元主義批判

とはいえ、ここで再分配の重要性を単純に指摘するだけでは不十分である。第一に、再分配と承認の関係性を切断し、後者を前者に還元してしまう可能性があるからである。第二に、ネオリベラリズムという語の多義性を削ぎ落とし市場原理主義に限定することで、多義性が必要とされる文脈に対応することができなくなるからである。第三に、そのような問いの設定こそが、逆説的にもセクシュアルマイノリティの承認可能性を高める契機を失う可能性があるからである。

再分配のみの重視、言い替えれば承認を再分配へ還元してしまう傾向に対しては、重要な批判が提起されている。再分配と承認の関係性に関するバトラーの議論（Butler 1998）に対し、ヘネシーは経済（再分配）と文化（承認）は相互決定のプロセスの中には置かれていない、として歴史的唯物論の立場から議論を展開する（Hennessy 2000）。しかし、このような立論は最終的にはセクシュアリティ、ジェンダー、人種などを資本主義における階級との関係に還元する傾向にあり、いわばバトラーが批判した論理をなぞっているにすぎないと批判されている（清水 2013：329）。少なくともヘネシーにおいては、再分配の議論への傾倒が、個々のマイノリティの状況に応じた承認の問題の軽視を伴っているゆえ、ネオリベラリズム批判がセクシュアルマイノリティを救わない、という帰結を導いてしまっている。

また、再分配の問題のみを重視すると、ネオリベラリズム批判としてなされてきたさまざまな重要な営為の一部を副次的なものとして扱ってしまいかねない。たとえば、「LGBT」の軍備増強路線への傾倒は、国家の戦争（に関連する）行為に加担することと、国家による承認を得ることの間の取引と考えられる。再分配のみを重視する発想、言い換えれば市場原理主義批判は、この取引そのものを批判し、あるいは代案を提示するのではなく、「軍備増強するくらいなら福祉に金をまわせ」ということによって、セクシュアルマイノリティをいかなる場合に国家は承認するのかという問いをまるごと埒外に放擲してしまう。再分配と承認がゼロサムになっている現実の磁場の中では、市場原理主義のみの批判は、天秤の傾きを変えることに注力し天秤そのものの問題性をむしろ見ずにいることによって温存させかねない。ホモナショナリズムは再分配の問題と無関係なのではなく、承認という要素を通じて裏側で関連していることこそ着目されるべきであり、その全体を解体するためには、単なる市場原理主義批判では不十分なのである。

再分配の問題のみを取り上げることは、逆説的に経済的な貧困に苦しむセクシュアルマイノリティの承認の可能性を引き下げる可能性すら存在する。なぜなら、高所得のイメージを引き受けることで承認される「LGBT」に対し、「ネオリベラリズム批判」を積極的におこなう余裕が、現状で周囲からの承認を十分に得ることによって可能となっていることは十分にありうるからである（苦境に置かれた人々は社会運動をする余裕がない、という残念ながらよくある事態の変奏である）。

そして、周囲からの十分な承認が十分な所得によって裏打ちされている側面も、確かに存在する。「ネオリベLGBT」対「ネオリベを批判するセクシュアルマイノリティ」という対立自体、承認された高所得層同士の対立にすぎないかもしれないのである。再分配の問題のみを取り上げることで承認の問題が結果として軽視されれば、承認を依然として率直に求める経済的弱者のセクシュアルマイノリティの声自体が、あまり重要でないものとして看過されてしまう。場合によっては、率直に承認を求めた方が承認を得られる可能性が高く、したがって経済的弱者のセクシュアルマイノリティにとっては再分配のみの問題化はむしろ戦略的後退となってしまう。

これらの例が示唆するのは、ネオリベラリズムの多義性や曖昧さは、放擲されるのではなく適切に温存されなければならないということである。なぜなら、ネオリベラリズム批判の再分配の問題への還元の問題性は、ネオリベラリズムを市場原理主義に限定せずに捉えることの重要性を示唆しているからである。

4-4 「揺れ」を正確に捕捉する

したがってネオリベラリズム批判は、ネオリベラリズムの中心的要素としての市場原理主義を最大限に重視しつつ、しかし市場原理主義へとネオリベラリズムを還元しない、というある種の二正面作戦を必要とする。経済は重要、ただし経済だけが問題なのではない、というしごく当然の議論を、しかし適切に保持したままネオリベラリズム批判を遂行する必要がある、といえるだろう。

一方で、ネオリベラリズム批判は、社会の諸領域における「経済の論理」の専制への抵抗を通過しないことには不可能であり、また通過しないことは望ましくもない。なぜなら、「経済の論理」を社会生活の諸側面に適用する市場原理主義なしに、ネオリベラリズムというものは存立し得ないからである。

他方で、個々の状況において再分配と承認がどのように結びつき、個々人がいかにその不足を生きているかについての多様なリアリティにも目配せをしなければならない。拙速にネオリベラリズムという語を用いて、それがどんな問題を指すのかを曖昧なままにしておくことは、その用語の他事例への転用や適用の際に解決されるべき諸問題を取りこぼし、かえってセクシュアルマイノリティを分断しかねないからである。

必要なのはネオリベラリズムという語の揺れを厳格な定義によって排除することではなく、その「中心」部分を見極めた上で、どのようにそれが揺れているのかを正確に捕捉することである、と言えるだろう。「承認か、再分配か？」をめぐる議論を手がかりにすれば、「中心」と「周縁」がいかなる関係のもとにあるかを精査することで、揺れを可能なかぎり正確な形で記述することが、ネオリベラリズム批判に有効であると主張できる。

5　潜勢力を汲み尽くす

ネオリベラリズムという語の揺れを生産的にネオリベラリズム批判に活かすためには、解決すべき諸問題と市場との距離を正確に画定することが具体的な作業として重要である。たとえば、それが市場における取引に関する問題なのか、市場と関連する市場外の領域（家族やその他の私的領域など）に関する問題なのか、あるいは市場外でありながら「経済の論理」が適用された領域の問題なのかを、明確に区別する必要があるだろう。ネオリベラリズムの要素である市場原理主義を要素として最重要視するのは言うまでもないが、だからこそそれがどのような意味で「原理主義」なのか、言い替えれば、どこがその領域において過剰な「市場（らしさ）」であるのかを見極める必要がある。

また、そこで言われている市場が、何を取引するものなのかも考える必要がある。財なのか、サービスなのか、情報なのか、労働力なのか、あるいは市場では取引されるはずのないものがあたかも取引の対象になっているのか、によって考察の道筋は変わってくるだろう。もし市場で取引されることそのものに問題のない要素を取り上げてネオリベラリズム批判をしている場合、市場原理主義を批判しているように見えて、「合成の誤謬」と言った、そもそも一般的な市場に内在する失敗を批判しているだけかもしれない。

したがってわれわれは、常に「その「ネオリベ」定義を採用すると何が批判できますか?」と適切に自問していくことが必要である。もちろんこれは、「ネオリベ」の定義やそれにもとづく批判がまったく無価値である、という意味の発言ではない。しかし、ネオリベラズムという語の潜勢力は、「敵」を大雑把に名指すためではなく、むしろ「敵」の形を明確にするためにきちんと汲み尽くされなければならない。ネオリベラリズムがセクシュアルマイノリティ側の連帯を切り崩しているとすれば、なおのことこの語を用いて拙速に「友-敵」を区別することはできないのである。場合によっては、ネオリベラリズムという語を避け、より明確に「敵」の特徴を指す語に置き換える戦略も必要だろう。

二〇〇〇年代以降の日本のセクシュアルマイノリティへの差別は、ネオリベラリズムという曖昧で多義的な語により指し示される一連の現象群によって特徴づけられており、そしてそれへの抵抗は、まさにこの語を適切に用いる(あるいはそもそも用いない)ことによりなされるべきである。その際、現在に特徴的なネオリベラリズムの状況論が、「承認か、再分配か?」という古くて新しい問いを捉え返すことの必要性を強く示唆している。現在性と歴史性の往還のもとで差別を考察し、それに抵抗していくことが必要であるとすれば（私は強くそう思うが）、二〇〇〇年代以降の日本においては、まさに本章で辿ってきたような議論をさらに考えていくことこそが、その往還の営みとして必要とされているのだと、私は考える。

註

（1）上半身裸の男性は、カルバン・クラインの一九八一年の男性向けジーンズの広告に既に登場している。
（2）この戦略が失敗する可能性について、河口（2003：103-104）が指摘している。
（3）Homonormativityという語は、規範的な異性愛を唯一の正しい性のあり方とし、それ以外を逸脱とみなすヘテロノーマティヴィティ（Heteronormativity）概念になぞらえて作られたものである。
（4）ただし、市場経済のモデルを社会生活の諸側面に適用すること自体は、すでにPolanyi（1944＝2009）が一九世紀から続く「市場社会」の成立と浸透として指摘している。また、ネオリベラリズムについて考察する論者自身もポランニーの指摘する事態とネオリベラリズムをむしろ重ねる傾向が強い（Harvey 2005＝2007）。経済学者ジョセフ・スティグリッツはPolanyi（1944＝2009）に寄せた序文のなかで、冷戦の重しがとれたことで一九八〇年代以降経済的自由主義＝市場社会の専制が先進諸国で活発化したとの時代診断を述べている（Polanyi 1994＝2009 xvii-xviii）。ネオリベラリズムが二〇〇〇年代以降に特有の現象であるとしても、それがそもそも「新しい」現象なのかについては議論の余地がある。ポランニーが考察した二〇世紀前半の経済的自由主義思想のを「新自由主義」と（おそらく回顧的に）呼ぶ論者も存在する（若森 2015）。

（5）この論争については大貫（2014：76-89）に詳しい。
（6）この条例は正確には「男女平等及び多様性を尊重する社会を推進する条例」という名称であり、男女の人権の尊重、性的少数者の人権の尊重と並んでパートナーシップ証明についても記述がある。同性パートナーシップのみに関するものではないにもかかわらず、そのように周知されてしまうことそのものが、性に関する関心のある種の歪さを示している。

文献

Butler, Judith 1998 "MerelyCultural", *New Left Review*, 227: 33-44.（=1999 大脇美智子訳「単に文化的な」『批評空間2期』二三号、二二七―二四〇頁）
Duggan, Lisa 2003 *The Twilight of Equality?: Neoliberalism*, Cultural Politics, and the Attack on Democracy, Beacon Press.
Fraser, Nancy 1995 "From Redistribution to Recognition?: Dilemmas of Justice in a 'Postsocialist' Age," *New Left Review*, 212: 68-93.（=2001 原田真美訳「再分配から承認まで?――ポスト社会主義時代における公正のジレンマ」『アソシエ』五、一〇三―一三五頁）
Fraser, Nancy 1997 "Heterosexism, Misrecognition, and Capitalism: A Response to Judith Butler," *Social Text*, 15 (3,4): 279-89.（=1999 大脇美智子訳「ヘテロセクシズム、誤認、そして資本主義――ジュディス・バトラーへの返答」『批評空間 2期』二三頁、二四一―二五三頁）
Harvey, David 2005 *A Brief History of Neoliberalism*, New York: Oxford University Press.（=2007 渡辺治監訳『新自由主義――その歴史的展開と現在』作品社）
Hennessy, Rosemary 2000 *Profit and Pleasures: Sexual Identities in Late Capital-ism*, London, New York: Routledge.
河口和也 2003『クィア・スタディーズ』岩波書店
森政稔 2008『変貌する民主主義』ちくま新書

大貫挙学 2014『性的主体化と社会空間――バトラーのパフォーマティヴィティ概念をめぐって』インパクト出版会
Polanyi, Karl 1944 The Great Transformation, New York: Reinhart.（＝2009 野口建彦、栖原学訳『新訳 大転換』東洋経済新報社）
Puar, Jasbir 2007 *Terrorist Assemblages: Homonationalism in Queer Times*, Duke UP, 2007.
清水晶子 2013「「ちゃんと正しい方向にむかってる」――クィア・ポリティクスの現在」三浦玲一、早坂静編『ジェンダーと「自由」――理論、リベラリズム、クィア』彩流社、三一三―三三一頁
若森みどり 2015『カール・ポランニーの経済学入門――ポスト新自由主義時代の思想』平凡社新書
Whitehead, Jaye Cee 2012 The Nuptial Deal, Chicago and London, University of Chicago Press.
『WWD Japan』二〇一五年夏号、INFASパブリケーションズ
「LGBT、企業が支援LUSHが同性婚OK、ゼクシィは毎号掲載」（http://withnews.jp/article/f0150116001qg0000000000000G0010201qg000011397A）
"President Obama Signs Repeal of 'Don't Ask Don't Tell'"（http://abcnews.go.com/Politics/president-obama-signs-repeal-dont-law/story?id=12457296）
"Remarks by the President and Vice President at Signing of the Don't Ask, Don't Tell Repeal Act of 2010"（https://www.whitehouse.gov/the-press-office/2010/12/22/remarks-president-and-vice-president-signing-dont-ask-dont-tell-repeal-a）
"Tiffany Ad Features Gay Couple, Rings In New Year In A Big Way"（http://www.huffingtonpost.com/2015/01/10/tiffany-gay-ad_n_6447830.html）
"TIMELINE: Revisit the History of Calvin Klein"（http://explore.calvinklein.com/en_GB/timeline/1982/5）
"A Wrestler's Kiss: Abercrombie & Fitch Promo Clip Features Gay Kiss Between Two Models VIDEO"（http://chuvachienes.com/2012/03/28/a-wrestlers-kiss-abercrombie-fitch-promo-clip-features-gay-kiss-between-two-models-

video/)

II

なじんだつもりのあなた

第5章　「最近はＬＧＢＴをテレビや映画でよく見かけるし、時代は変わったよね」

言わずもがなであり、また少し意地の悪い言い方からはじめよう。「最近はＬＧＢＴをテレビや映画でよく見かけるし、時代は変わったよね」で話が済むなら、こんなに楽なことはない。テレビ番組を、あるいは映画作品を視聴するだけで、あなたはもう変わった時代にキャッチアップできたことになるだろう。だが、そんなわけが本当にあるだろうか？

たしかに、クィア・スタディーズの専門家としての私は、まさにこの種の「時代は変わったよね」という発言をいやというほど耳にしてきた。悪意なく、むしろその変化を肯定的に捉えて、このような発言はなされている。けれども、悪意がないからこそこの種の発言は厄介だ。現実にある不平等を見ずに済ます口実（「時代は変わったのだから、不平等なんてもうないでしょ？」）を、自他に与えてしまうからである。私は映像文化の専門家ではないけれど、この帰結には強い危惧を覚える。放ってはおけない。

そこで本章では、この種の発想を避けるために、私たちは何を考えるべきなのかを示す作業をおこなってみたい。あなたに手渡すのは、八つの問いだ。答えはない。その問いがあなたの中で適切な位置を占めることができることを期待しつつ、おずおずと語り始めてみよう。

1 「ブーム」という歴史認識

たしかに、ここ一〇年ほどの日本社会はいわゆる「ＬＧＢＴブーム」から歩を進めその定着の過程にあると言えそうである。全国紙で「ＬＧＢＴ」という言葉が多く使われるようになったのは二〇一五年ごろからなので、この「ブーム」は二〇一五年にはじまったと言ってもよいだろう。その背景には、同年にスタートした渋谷区のパートナーシップ証明制度や、同時期に広告代理店がおこなった「ＬＧＢＴ」に関する調査結果の公表などの具体的な要因がある。足並みを揃えるかのように、映像作品においても『おっさんずラブ』（二〇一六、二〇一八、二〇一九）、『女子的生活』（二〇一八）、『弟の夫』（二〇一八）、『俺のスカートどこ行った？』（二〇一九）、『腐女子、うっかりゲイに告る』（二〇一九）、『きのう何食べた？』（二〇一九）など、セクシュアルマイノリティを主要登場人物に据えたテレビドラマが急速に増えた（『おっさんずラブ』は映画化もされている)。

ただし、ここで指摘したいのは、日本におけるセクシュアルマイノリティに関する「ブーム」は、二〇一五年からの「LGBTブーム」がはじめてではない、ということである。たとえば、一九八〇年代後半には「ニューハーフブーム」が、一九九〇年代には「ゲイブーム」があった。

ここで重要なのは、それらの「ブーム」において映像コンテンツが大きな役割を果たした点である。「ニューハーフブーム」にはテレビのバラエティ番組が大きく影響しているし、「ゲイブーム」はテレビドラマ『同窓会』(一九九三)、『あすなろ白書』(一九九三)、『告白』(一九九三)、映画『きらきらひかる』(一九九二)や『御法度』(一九九九)などによって下支えされていた。橋口亮輔監督が九〇年代の『二十歳の微熱』(一九九三)『渚のシンドバッド』(一九九五)を経て『ハッシュ!』(二〇〇一)に到達する点も忘れてならない。直近の「LGBTブーム」だけが、映像文化が大きな役割を担ったセクシュアルマイノリティの「ブーム」ではないのだ。

過去の「ブーム」はセクシュアルマイノリティの見世物化で、現在進行系の「ブーム」はそうでないもっと誠実なものだ、という意見で現在の「ブーム」を特権化したい人もいるかもしれないが、そう簡単には言い切れない。九〇年代の「ゲイブーム」の先には『ハッシュ!』のような到達点もあったし、逆に現代のセクシュアルマイノリティ表象にも(後述するように)また問題点が存在するからである。

「ブーム」は今に始まったことではない。しかしその歴史的事実は容易に忘れられてしまう。

「最近の変化」を言祝《ことほ》ぐ「良識」側に立ちたいという欲望が、現実の歴史を改竄してしまっているのではないか？

2 「LGBT」≠セクシュアルマイノリティ

性の多様性について語るときの大前提としてようやく流通してきたことだが、「LGBT」はセクシュアルマイノリティの同義語ではない。ゲイ（Gay〔男性〕同性愛者）、レズビアン（Lesbian レズビアン）、バイセクシュアル（Bisexual 両性愛者）、トランスジェンダー（Transgender 出生時に割り当てられた性別と異なる性別を生きる人）の頭文字をとったものであり、裏を返せばこれ以外のセクシュアルマイノリティは含まれていない。

もちろんこの語は、とりわけ性的指向に関するマイノリティ（この場合LGB）と性自認・性同一性に関するマイノリティ（この場合T）の連帯の旗印として肯定的な含意を持って使われてきたし、今もその含意は失われていない。しかし、運動の深化にともなって、十分に包摂的でないという点でその限界が明らかになってきている言葉でもある。現在ではその限界を乗り越えるため、「LGBT+」「LGBTQ」などの表記も使われるようになってきている。

ここで言いたいのは、「LGBT」という言葉を使うな、ということではない。「LGBT」が、構造的に劣位に置かれているものの中で、誰が配慮され平等を考慮されており、誰がそうでないのかというきわめて政治的な問いを強く喚起させるものである、という点が重要である。

この論点は、とりわけ映像文化について考える際にきわめて重要な意味を持つ。なぜなら、可視化されやすいセクシュアルマイノリティと、そうでないセクシュアルマイノリティの間の不平等という問題をも、「LGBT」という言葉は強く喚起させるからである。

日本における典型例として「オネエ」の表象をとりあげることもできるだろう。女装する男性同性愛者、トランスジェンダー女性、言動が「女性的な」異性愛男性などを区別せずに呼ぶ名称としての「オネエ」は、出生時に割り当てられた性別が男性である人が、何らかの意味で「女らしい」方向に向かって「格下げ」されるときにだけ可視化が許される、という現状に合致した言葉遣いである（もちろん、男性同性愛者に「女らしさ」を結びつけるのは端的に言って偏見である）。可視化の度合いには、差別にもとづく濃淡が存在するのだ。

「LGBT」という言葉は、多様な性の間の不均衡に着目せよと呼びかける。しかし他方「LGBT」という言葉は、性の多様性を曖昧なままとめて名指すことを可能にしてしまっている。であるならば、能天気に「LGBT」という言葉が用いられるとき、**性の多様性のわかりやすい部分だけをつまみ食いしたいという欲望が、その「LGBT」という言葉の使用の背後に隠れていないか？**

3　都合のよい小道具

単館系ジェンダームービー

主人公は病むか死ぬか恋に敗れるか　（女王蜂「FLAT」）

女王蜂の薔薇園アヴが喝破したように、映像表現においてセクシュアルマイノリティは悲劇的な生を生き、悲劇的な死を迎えるものとして描かれがちであった。当然、そのような平板な描き方がセクシュアルマイノリティへの差別の反映だとして、このことに対して批判をくわえたセクシュアルマイノリティも少なくなかった。では、現在のセクシュアルマイノリティ表象は、もっと「マシ」なものになっているのだろうか。

そうとも言い切れない、というのがクィア・スタディーズにおけるかなり一般的な意見である。特にゲイ男性に典型的だが、セクシュアルマイノリティは、シスジェンダーの異性愛者（の特に女性）の主人公を支え物語を駆動させる、「都合のよい隣人」としての位置をあてがわれることが多い（現代日本の小説に関しては黒岩裕市『ゲイの可視化を読む』に詳しい）。

セクシュアルマイノリティの登場の増加は、（映像）作品にとって都合のよい新しい小道具が発見されたことに過ぎない、ということもできるだろう。またしても小説に関してだが、第一七回女による女のためのR-18文学賞の選評で、辻村深月がこのことを的確に指摘している。

候補作をすべて読み終え、今年は六作のうち半数以上の四作がＬＧＢＴについて描くものだということに気がつきました。（…）

受賞作となった作品は、自然な流れとして性別や同性愛を扱っていたのに対し、受賞とならなかった作品はどこかそれを小道具のように使ってしまっている印象でした。この賞は「女による女のための」と銘打った、人の心の機微、性差の機微、コンプレックスや生きにくさと向き合ってきた賞です。その賞から送り出される作品として、どうしてそのテーマなのか、今一度考えてみてください。（…）

映像の中にただ登場すればよいのではない。本当はどう登場すべきかが問題なのである。**映像文化の中で「よく見かける」ことをもってよしとしてしまいたい欲望の背後に、本当は対等な他者だとは思っていない、という前提が、すなわち蔑視があるのではないか？**

4　描く側／描かれる側

ローラ・マラヴィの Male Gaze の議論以来、弱い立場に置かれることと映像内で観られる側に置かれることは結び付けられてきた。もっと古く戻るのであれば西洋絵画における女性の裸体表象を考えてもよい（とはいえこの問題は少しも古くない。女性の裸体と平和の結びつきについては小田原のどかによる公共空間の女性裸体像に関する「彫刻を見よ」という論考が示唆に富む。https://artscape.jp/focus/10144852_1635.html）。

セクシュアルマイノリティ自身が描く側になれば、この主従関係になんらかの変容を与える可能性が生まれる。とはいえ、たった今述べたポジティヴだが平面的な見方に対するごく基本的な疑義をみずから提出したい。すなわち、「LGBTの映画監督」ならではの個性、といったものがあるのだろうか、という点である。ゲイ男性であるトム・フォードがメガホンを取ったから『シングルマン』はあのような映画になった、という時、それは何を意味しているのか？　その時、私たちはトム・フォードの個性を、彼のセクシュアリティに還元してはいないだろうか？

しかしまた、逆の疑問も投げかけうる。「それはトム・フォードの個性だ」と言うことで、都合よく彼の、言い換えればマイノリティのセクシュアリティについて言及せずに済ませようと思っている者はいないか。作家性というマジックワードに基づく個性への還元主義は、誰が誰をどのように描くのか、そこにどんな暴力があるのか、という問いに対してあまりに無頓着ではないか。「セクシュアルマイノリティは描かれる側である」という前提が解除されれば、考えるべき論点はいくらでも見出されうるのである。

にもかかわらず、映像に「描かれている」ことそのものをポジティヴに捉えてすませてしまうことは、「なぜその人々は描かれる側なのか、そうでない可能性はありえないのか」という問いの先にある、複雑だが実りある分析や考察を封じてしまう。**「描かれている」ことを言祝ぐのは、「描かれる側」にマイノリティを閉じこめることと同じではないのか？**

5 「リアルなLGBT像」

マイノリティをマジョリティにとって都合よく描くことが問題、そのとおり。しかし、映像文化はフィクションだけでなりたっているわけではない。ドキュメンタリーやバラエティ番組に「LGBT当事者」が登場し、その「真の姿」を見せてくれている場合、それはやはりフィクションにおける都合の良い「LGBT」像とは異なるのではないか。

たしかに、このような意見には素朴に納得できるところもある。西島秀俊と内野聖陽はいかに巧みな演技をしたとしてもゲイ男性を演じているにすぎないが、マツコ・デラックスはじっさいにゲイ男性（の女装家）なので、両者の間には大きな差異がある、というのはそのとおりだろう。もちろん、ここですぐさま反論することもできる。マツコだってマツコ・デラックスというキャラクターを演じている。映像内のどんな人物のどんな言動も、それが視聴者に届く前になんらかの編集を経由している。マツコは「市井の」セクシュアルマイノリティとは異なる。（先述したように）どんなタイプのセクシュアルマイノリティも満遍なくバラエティやドキュメンタリーに登場するわけではない……これらもまたそのとおりだ。

したがって、「リアルなＬＧＢＴ像」など映像の中に現れはしないのだ、と訳知り顔で結論づけたくもなる。しかし、この結論は別種の乱暴さを抱えている。視聴者は、作りこまれた映像を受動的に受けとるしかないのだろうか？　映像には、作り手が意図しない物事がいくらだって映り込むし、受け手は作り手のしないやり方でその映像を享受しもする。「ＬＧＢＴ当事者の真の姿」として提示される映像から視聴者が欺瞞の匂いを嗅ぎ取ることも、差別的なフィクションの中にあらわれるセクシュアルマイノリティの登場人物の言動に、それでもセクシュアルマイノリティが自身を重ね合わせ、救われたと感じることも、またあるのだ。

重要なのは、フィクションかそうでないか（だけ）ではない。「リアルなＬＧＢＴ像」をめぐって、どのような社会的文脈にどのような映像コンテンツが埋め込まれ、作り手と受け手がその映像にどのように参与するかである。**「ここにリアルなＬＧＢＴの姿がある／そんなものはない」という単純な結論は、むしろ「ＬＧＢＴ当事者」をめぐって成立する映像表現を文脈こみで丁寧に検討する作業を、あらかじめ放棄してしまってはいないか？**

6　社会的カテゴリー

そもそも、映像の中にある性の多様性や複雑性を明らかにする作業とは、「ＬＧＢＴの登場する映像」を分析することに限定されない。むしろ、登場人物の、それとは明示されていない欲望や快楽のかたちを探っていくこと、映像の作り手や受け手が想定している「シスジェンダーによる異性愛という普通さ」に逆らった映像の解釈こそ長く重要視されてきたのである。いわば、映像に関するクィア・リーディングこそが、性の多様性や複雑性に関する映像分析を牽引してきた。

では、レズビアンやゲイ男性、バイセクシュアル、トランスジェンダーだと明示されている登場人物は分析のし甲斐がないのだろうか。なぜなら、明らかにされるべき「答え」は、あからさまに提示されているのだから。

しかし、ここで即座に問い返したいのが、ある人が特定の社会的カテゴリーに属しているとわかることが「答え」に見えてしまう事態である。社会的カテゴリーと個人のずれや重なりについてさらに問うてもよいはずだ。ある社会的カテゴリーに属するという経験の厚みを探ってもよいはずだ。いずれにせよ、社会的カテゴリーについて語ることは、「あからさま」という言葉で片付けられるような薄っぺらなものではない。

たとえば、映画に登場する同性愛関係を「禁断の愛」として描くことと「普遍的な愛」として描くことのいずれも批判の対象となるのは、いずれもがこの「薄っぺらさ」を同性愛関係に投影しているからだ。「正常」な異性愛でない時点で性愛の意味が確定できるとする無神経さがそれを「禁断の愛」と呼び、同性愛関係固有のリアリティに深入りしたくない身勝手さがそれを「普遍的な愛」に回収する。ある人が「ＬＧＢＴ」のいずれかだと知ってなにかわかった気になるのが乱暴であるのと同時に、「ＬＧＢＴ」のいずれかであることの意味を考えずにおこうとすることもまた乱暴なのだ。

したがって、映像の中に登場する人々が「ＬＧＢＴ」だと明示されるか否かが問題なのではない。**明示されていないから存在しないことにするのも、明示されているからそれ以上の深い分析は存在しようがないと片付けることも、性（とりわけセクシュアルマイノリティの性）に関する社会的カテゴリーの厚みを見ずに済ませたいという欲望の反映ではないのか？**

7 社会反映論

たしかに映像作品の変化に社会の変化を読み解くことは可能だし、大筋では間違っていないように見える。世の中に流通する映像には、監督や演出家以外のたくさんのアクターの「ゴーサイン」を必要とするものも多く、世の中のニーズや風向きを映像作品が直接的に反映していると、制度上の理由から言えることもあるだろう（「製作委員会方式」映画をその典型だと考えてもよいかもしれない）。

他方、映像作品は「社会の反映」だと言い切ることにも多くの人は躊躇を覚えるはずである。

社会にかかずらうことなく、映像を自律した（芸術）作品として作っている、と考える作り手もいるだろうし、そうとしか言いようのない独特な風合いの映像作品もたしかにあるように思える。

では、「LGBT」が取り上げられる映像作品が増えている時、作品と社会の関係に関する、このような最低限の繊細さをもった思考を私たちはおこなえているだろうか？「LGBT」が映像作品によく登場するようになったのは社会の雰囲気が変わったから、と私たちは短絡的に結論づけてしまっていないだろうか？

「LGBT」にまつわる映像文化の「隆盛」の単純な説明は、結局のところ、映像文化の豊穣さや、「隆盛」以前から世界に存在したセクシュアルマイノリティの人々を、「社会」という曖昧な言葉のもとに屈服させてしまっている。**豊穣さを削ぎおとす社会反映論にもとづいてしかその豊穣さを評価できないのであれば、それは映像文化への、そして多様な性を生きる人々への裏切りではないのか？**

8　で、本当に時代は変わったの？

ここまでの七つの拙い問いを経由し、最後に問いたいのが、「で、本当に時代は変わったの？」という問いである。

正直なところ、私には時代が変わったと言いたい気分もあるし、ろくに変わっていないと言いたい気分もある。ただ、私としては、映像の作り手だけでなく、映像分析の専門家だけでなく、映像を享受する人々も、ここまで私が書いてきた七つの問いをみずから反芻しながらその映像に接している、と感じられたときに、「ああ、本当に時代は変わった」と感じたい。というよりは、時代の変化に向かって、みずからがこの問いをふまえて「セクシュアルマイノリティの映像文化」に接するように変化できていると感じたい。

映像を作るのでもなく、映像文化の専門家でもない私は、論点を自分なりに整理しながらこの拙い文章を書き継いできたことで、ようやくその変化の入り口に立てた気もする。あなたは、その変化の入り口に、あるいはその先に、もう立っていますか？

文献

黒岩裕市 2016『ゲイの可視化を読む』晃洋書房

小田原のどか 2018「彫刻を見よ――公共空間の女性裸体像をめぐって」（https://artscape.jp/focus/10144852_1635.html）

辻村深月 2018「選評 テーマ設定に向き合う」『小説新潮』二〇一八年五月号、一一一―一一二頁

第6章　「どんな見た目でもいいじゃない、LGBTの人たちみたいに」

1　「多様な性を生きる人々の見た目は多様」？

たとえばプライドパレード、あるいは映画祭などに、さまざまなセクシュアルマイノリティがたくさん集まっている様子を思い浮かべてみてほしい。いったい何を思い浮かべただろうか。笑っている人、泣いている人、怒っている人、さまざまな表情の人がいるかもしれない。人々が話す口調にも、柔和なもの、快活なもの、あるいは喧嘩腰のものといろいろあるはずだ。いわゆる「オネエことば」も聞こえてくるだろう。しかし、多くの人がほとんど意識せずに思い浮かべてしまっている、もっと強固な特徴がひとつあるのではないか。

化粧の有無や身にまとう衣服のデザイン、髪型や体つきが多様である、そのような人々をあなたは思い浮かべなかっただろうか。[1] しかも、「人はそれぞれ見た目が異なる」という自明の事実を超えるような多様性を、そこに見出してさえいるかもしれない。「社会全体」とか「多数派」集団を思い浮かべる時のような均質性ではなく、もっとはっきりとしたばらつきを思い浮かべ、そこに「社会全体」や「多数派」には見出せないような自由さを見出しているのではないか。

この想像自体は、少なくともある程度は実態に即しているゆえ、もちろん完全に誤りではない。性の多様性を称揚するレインボーフラッグがはためくプライドパレードや映画祭には、その精神に呼応するかのように色鮮やかで独創的な身なりの参加者が多く訪れる。パレードや映画祭といった機会がなくても、現に、普段から、見た目に関する世の中の「普通」をずらしたり、あるいは「普通」から否応なくずれてしまったりしながら、セクシュアルマイノリティは日々を生きている。そもそも、セクシュアルマイノリティを抑圧する日常だけでなく、解放的な非日常もまた重要な実態なのだ、と考えたってかまわないだろう。

だから、「多様な性を生きる人々の見た目は多様」、そう言ってしまってかまわないように思われる。もちろんある程度は言ってしまってかまわないのだが、では、それで済ませてよいのだろうか。

性の多様性に関する状況の好転についての発言や、その好意的な評価が、的外れで、その（表向きの）意図に反して抑圧的な帰結に飛躍してしまうことがままある。「LGBTを差別すべきでない、という考え方が徐々に浸透しつつある」という認識自体に害はないが、そののちに「だから男と女以外がいてもいいじゃない」や「だから結婚しなくてもいいじゃない」と言った言葉が続くとき、そこでは抑圧が再生産されている。いうまでもなく、すべてのセクシュアルマイノリティが「男と女以外」の性別の個人として生きているわけではない。一定の条件を満たす男女間にのみ認められている結婚がその他のカップルに認められないことを追認することは、多様な性を生きる権利を保障することには明らかに逆行している。

だから、「多様な性を生きる人々の見た目は多様」というテーゼも、使われようによっては容易に抑圧的な帰結に飛躍する。「どんな見た目でもいいじゃない、LGBTの人たちみたいに」。この発言に潜む無知と無神経さは、適切に取り出され、批判されなければならない。

そこで本章では、性の多様性と見た目の関係について、論点を整理して提示する。特定のトピックには深入りできない代わりに、多様な性を生きる人々の見た目に言及する、あるいは多様な性を生きる人々の経験に触発されて自らの見た目を省みる時に考えるべきいくつかの点を、性の多様性と見た目をめぐる既存の議論の中から可能なかぎり明確に取り出してみたい。

2　性別二元論の構図

多数派が自分たちとは見た目に関して異なる集団としてセクシュアルマイノリティを捉えるこ

とは、決して珍しくない。たとえば、本章のタイトルでもある「どんな見た目でもいいじゃない、LGBTの人たちみたいに」という言葉は、LGBTをひとまとめにした上で語り手にとって馴染みのない見た目のあり方に結びつけることで、そこから心理的な距離を取ることを可能にしている（くわえて、非規範的な性のあり方の多様さを、「LGBT」の四類型に代表させてしまっている）。この台詞は私の創作だが、現実社会にも同じ構図の現象は存在する。男性同性愛者やトランスジェンダー女性（だけでなく、女性らしい振る舞いをするシスジェンダーの異性愛男性）を「オネエ」と一括りにし、その異質な視覚的表象を揶揄の対象とする文化は、バラエティー番組を中心に残存してしまっている（松岡 2021）。

ここで重要なのは、性自認・性同一性に関するマイノリティであるか、性的指向に関するマイノリティであるかにかかわらず、それらが性別二元論に基づく、「反対の性」への見た目の上での逸脱、という形の共通性を持っている点である。たとえば、先に挙げた「オネエ」は、男性同性愛者であれトランスジェンダー女性であれ、みな「男性の女装」というイメージのもとに（トランスジェンダー女性へのミスジェンダリングを伴いつつ）理解されてしまっている。

たしかに、トランスジェンダーという概念のもとに現在では理解されているような現象や人々に関しては、異性装という見た目に関する特徴と結びつけて理解されてきた長い歴史がある。トランスヴェスタイト[2]という概念が作られた一九一〇年よりはるか昔、たとえばサンフランシスコでは一八六〇年代から、各種の反異性装法 anti-cross-dressing law によって非規範的な性自認・性同一性を生きる人々は取り締まられてきた（Stryker 2017：47）。性別二元論に基づく見た目の「越境」として、（現在でいうところの）トランスジェンダーは理解されてきたのである。

他方、性的指向に関するマイノリティは、見た目には異性愛者の男女と変わらない、と考えてもよいように思われる。一九五〇年代のホモファイル運動（同化主義的で専門家の権威に依存した同性愛者の社会運動）に典型的なように、性的指向以外は見た目も含めて異性愛者の市民と変わりがない、という主張は同性愛者自身によっても積極的になされてきた。たとえば、ホモファイル運動を代表するレズビアンの団体である「ビリティスの娘たち」は、一目見てわかるようなブッチ（きわめて単純化して説明するならば、レズビアンの「男役」を指す）・カルチャーを否定し、「女らしく」振る舞うことを称揚してきた（Jagose 1996：27）。

しかし、同性愛者が、「見た目」の非規範性に賭ける形で異性愛規範に抵抗してきた点も見落としてはならない。エイズの流行に対し、「ゲイコミュニティ自体が命をかけて自らを可視化することを緊急課題とせざるを得ない状態」（清水 2004：59）では、むしろ異性愛者との目に見える差異を強調する運動スタイルを同性愛者が模索してきたのである。

「見た目」の非規範性の強調という運動戦略を引き受ける形で、クィア理論は、性別越境的なパフォーマンスに着目してきた。ブッチ／フェム（レズビアンの「女役」）に対するスー・エレン・ケースの、ドラァグ（主にゲイ男性による、誇張された女性性を表現するパフォーマンス）に対するジュディス・バトラーの着目は、このような流れにおける「セクシュアリティにおける差異を文字通り可視化するパフォーマンス」の再評価の例として理解することができる（清水 2004：59）。

このように、トランスジェンダーのあり方だけでなく性的指向に関する非規範性も男と女のあいだでの見た目の越境として理解する枠組みは、差別的な立場、反差別的な立場の双方が採用しうるものである。(3) セクシュアルマイノリティは「普通の女／男」の見た目をしていないという発想は、一方で誤解であり、他方で当のセクシュアルマイノリティによる自己提示を素直に受容した結果でもありうるのである。

ただし、このように、性別二元論を前提とし、割り当てられた性別からの見た目の逸脱としてセクシュアルマイノリティを理解する方法は、批判の対象にもなっている。「セクシュアリティにおける差異をジェンダーイメージの差異という形で可視化するならば、その限界と問題点とを十分に考慮しなくてはならない」（清水 2004：59-60）。たとえば、トランスジェンダーやノンバイナリーに対し、「越境前」の見た目と性別移行前の「性別」が結びついたイメージを一方的に投影することは、まぎれもなくミスジェンダリングだろう。

この批判を、性の多様性と見た目をめぐる議論一般に対する懸念として理解することができる。すなわち、性自認・性同一性や性的指向に関する非規範的な性のあり方が、割り当てられた性別に基づく二元論からの逸脱として表象され、想像されているならば、その時、その多様性は誤った想定のもとに理解されてしまっているのかもしれない。

セクシュアルマイノリティの非規範性が見た目においても性別二元論に関する非規範性を帰結すると決めつけてはいないか？　本節の議論を自戒と批判のための端的な問いに整形し直すとこのようになる。では、このような十把一絡げの粗雑な理解を回避するために、セクシュアルマイノリティをそれぞれの性のあり方によって分けて考えさえすれば、それぞれの見た目に対応した適切な理解や記述の仕方がわかる、と言い切れるだろうか。

3　「らしさ」をめぐる苦闘

それぞれの性のあり方と見た目の関係を考えるために、それぞれの性のあり方に「らしい」見た目があるか、またそのあり方は性別二元論的な構図とどのように関係しているのかをいくつかの例を挙げて検討してみよう。「多様な性を生きる人々の見た目は多様」という文言が、見た目は人それぞれであるという事態以上の何かを言えていて、かつセクシュアルマイノリティに対する十把一絡げの粗雑な理解に依存しているわけではないのだとすれば、性のあり方の「種類」と見た目の「種類」を対応させているのでは、とひとまず考えることができるからである。

まず、トランスジェンダー「らしい」見た目があるのか、という問いを考えてみよう。即座に思いつくのは、トランスジェンダー「らしい」見た目の持ち主であると認識されることは、トランスジェンダーであると推測される可能性を大幅に高めるゆえ少なくないトランスジェンダーにとって耐え難い苦痛なのではないか、という点である。トランスジェンダーカルチャーの中には、パス／ノンパスという区別がある。「性別を越境・変更した人としてではなく、端的に女性あるいは男性として他の人々から認知されること」がパスであり、あえてその状態を目指さないことをノンパスと呼ぶ（加藤 2017：36–37）。たとえば、パスの状態を目指し、「絶対にバレたくない」との心理を持つ性同一性障害の女性は「女「扱い」されることではなく「女」だと一瞥で見られることを追求して」きた（鶴田 2009：104）。見た目のトランスジェンダー「らしさ」を、出生時に割り当てられた性別が現在その人が社会生活をおこなっている性別と異なることが認識可能な視覚上の要素によって特徴づけられる点と考えるならば、その「らしさ」こそ、先に挙げた人々が絶対的に避けているものであるだろう(4)。

他方、トランスジェンダーであることを積極的に開示する、すなわちノンパスの状態を選択し、端的に女性／男性として認識されることを拒絶する人も存在する。そもそもトランスジェンダーという言葉自体、一九九〇年代には、性別適合手術やホルモン療法をせずに出生時に割り当てられた性別とは異なる性別を生きるという、それ以前に存在した意味に加え、「両性具有的な（androgynous）スタイルやアイデンティフィケーションの様態」（Valentine 2007：32）を積極的に指すものとしてアメリカでは用いられもしたのである。「端的に女性」「端的に男性」と見られることの規範性が、ここでは疑義に付されているのである。

したがって、トランスジェンダー「らしい」見た目については、それぞれのトランスジェンダーが、みずからの立場に基づいてそれを忌避したり歓迎したり、あるいはそもそも想定したりしなかったりしている。トランスジェンダーを他の性のあり方と混同しないことはもちろん重要だが、そこにさらに特定の視覚的要素を結びつけたり結びつけなかったりすることは、文脈抜きにいつでも適切な振る舞いになるとはかぎらないことにも注意が必要なのである。

もうひとつの例として、ゲイ男性「らしい」見た目の有無について検討する。マジョリティによる明らかに誤ったイメージの投影は検討するまでもなく棄却されるべきゆえ、ここでは、ゲイ男性自身にとっての、あるいはゲイカルチャーにおけるゲイ男性「らしい」見た目に限定して話を進めたい。

たしかに、（第3章でも述べたように）日本のゲイカルチャーには、「イカニモ系」ないし「イカホモ系」などと呼ばれる、短髪や髭、筋肉質な体型などの「男性的」とされる要素によって特徴づけられた、ゲイ男性「らしい」見た目に関する観念は存在する（少なくとも存在した）。その内実は時代とともに変容し、時にはその観念が世代間で共有されていないことがゲイカルチャー内で顕在化もする（森山 2012：159–160）。「イカニモ系」があくまで数ある「系」のうちのひとつでしかないことも事実である。それでも、ゲイカルチャーにとって、ある種のプロトタイプとしての見た目の「らしさ」が存在することを、この表現が示していることは間違いない。

しかし、ゲイカルチャーの中には、この「らしさ」を避けることが、ほかのゲイに「モテる」

ためには必要である、との強固なリアリティが存在する。この点について、女性性を誇張した会話や仕草をすることを指す「ホゲる」という言葉に着目して島袋（2021：32-33）が論じている。ここで留意すべきは、「ホゲる」は、女性性への忌避だけでなく、非同性愛男性らしさ（「ノンケっぽい」）の希求とも結びついている点である。島袋によれば、ゲイ男性は「ノンケ」を「男らしさ」の象徴とみなしており、「ノンケっぽい＝男らしい＝ホゲてない」という式が成立するのである。ゲイ男性「らしさ」は女性性と結びつけられた上で棄却され、「モテ」への希求を人質に、「ノンケっぽ」さを追い求めることをゲイは余儀なくされる。

二つの例からわかるのは、「らしい」見た目をめぐる規範は、「男らしい／女らしい」見た目という要素と密接に絡まりながら、一筋縄では行かないしかたでセクシュアルマイノリティの生き方に決定的な影響を与える、という点である。トランスジェンダーは、それぞれの立場に応じてパス／ノンパスのトランスジェンダーとして生きている。ゲイ男性は、ゲイカルチャーの一員としての「見た目」に関する文化の共有と、「モテたい」という気持ちに基づく「ノンケっぽい」容姿の追求のあいだを、楽しさと苦しさを抱えながら揺れ動く。特定の性のあり方と、特定の見た目のあり方を結びつけてよいのか、という問いに、単純な解は存在しない。

したがって、**「らしい」見た目をめぐるそれぞれのセクシュアルマイノリティの逡巡や苦闘に想像が及んでいるか？**について自問せずに、性の多様性と見た目について語ることはできないだろう。しかしここに、次なる問いが待ち受ける。特定の性のあり方と特定の見た目のあり方があらかじめ対応しているわけではないのであれば、「らしく」あったり「らしく」なかったりする見た目は個々のセクシュアルマイノリティによって選び取られているのか？

4 「選択」の焦点

「らしさ」を個々人にとって選択可能な対象とみなすことの問題は、フェミニズム・クィア理論において繰り返し考察されてきた。そのもっとも有名な例のひとつが、ジェンダーに関するジュディス・バトラーの議論だろう。先述のとおり、ドラァグ・カルチャーを取り上げつつジェンダーが（所与の属性というよりむしろ）行為であると論じたバトラーは、あたかも自由に選択可能な＝「演劇的」なものとしてジェンダーが捉えられる誤解を自身の記述が喚起してしまったことを自己批判し、ジェンダーが反復の強制の効果であることを繰り返し説くようになる（Butler 1990＝1999；1993＝2021）[5]。

理論的考察の帰結のみを乱暴に掻い摘めば、決定されるわけではないが自由な選択の結果とは言い得ないものとして「らしさ」は理解できるだろう。「ジェンダーの行為は文化的・社会的に強制される（決定されるのではないにせよ）ものであって、人が自発的に「選択」するものであるとは言い難い」（藤高 2018：168）。性の多様性をめぐる「らしさ」についても同様のことが言えるだろう。たとえば「ノンケっぽさ」であれ「ホゲる」ことであれ、それらは異性愛中心主義的な社会と、その中にゲイコミュニティが占める位置によって生まれた規範によって評価される行為の性質であり、どちらも完全に自由な選択肢とまでは言えない、というのは当然の帰結のように思われる。

ただしここで注目したいのは、そもそもそこで焦点となっている「らしさ」の内実は、視覚領域にかぎった場合に何を指しているのか、という点である。たとえば、ノンパスであることを「選んだ／選ばざるを得なかった」のだろうか。「普通の女／男」でない見た目を見せることを「選んだ」のか、「普通の女／男」に見えないことを「選ばざるを得なかった」のか。

「見える」という事態は、見られる側からは完全に制御できない見る側の主観に大きく依存したものであるゆえに、そもそも、何が「選んだ／選ばざるを得なかった」対象として切り出されるかは自明ではなく、往々にしてその切り出し方自体を見る側が見られる側に強制するものでもある。ノンパスの立場を尊重する者は「普通の女／男」でない見た目を見せる積極的な営為＝選択としてそれを理解し、見た目に関する二元的な性別規範を強固に維持したい者は、ノンパスをその「生物学的身体」ゆえに、「普通の女／男」として自身を提示できない＝選択できない者として理解するかもしれない。変更可能であったりなかったりする物理的条件のどこを「選択」という論点に引きつけて考えるか自体が、特定の「政治的、社会的な利害に寄与」（Butler 1990＝

1999：67）する実践なのである。

とするならば、見た目について考える際には、**その見た目を選んだ／選べなかったものとすることで、何を主張して（しまって）いるのか？**に、つねに留意すべきだろう。それぞれの性のあり方に対応する「らしさ」をどのようにマイノリティ個人に帰するかを乱暴に（多数派の都合で）決めないことは、性の多様性に結びつけられる見た目の多様性を理解し時に称賛するためには、最低限の倫理であるように思われる。

5　身体と装いの二分法

ここで、選択可能なものとは「装い」のことで、選択不可能なものとは「身体」である、と考える人がいるかもしれない。化粧や服装は個人が制御できるが、その「生物学的身体」は、とりわけのその「性別」は変更できないのだ、と。(6) 特にトランスジェンダーやノンバイナリーの経験について考える際、たしかにこの論点は重要なもののように思える。

ただし、ここでの「身体」の選択不可能性という観念は、ある面では事実に反しており、ある面では「身体」を特定の要素に還元する誤りを犯している。たしかに出生時の身体はいかなる意味においても個人の選択の対象ではないだろう。しかし、性別適合手術やホルモン療法だけでなく、増量や減量、歯列矯正など、身体を物理的に変化させる、「選択」可能な手段は多数ある。それにもかかわらず「身体」やその「性別」を変更不可能なものとするならば、そこでは、「性器」やその「生殖の権能」、「性器」にまつわる「過去の経験」など、物質的事実というよりもむしろそれを取り囲む（あるいは形作る）[7]規範によって判定された変更不可能性（のみ）が、都合よく抽出されて「身体」と対応させられている可能性がある。そしてこのように引き合いに出される「身体」が、「ペニスを持って生まれてきたのだからトランス女性は結局のところ男性」といったトランスフォビックな主張を帰結してしまうことも、残念ながら少なくない。

物質的事実とされる「身体」が往々にして規範的な含意を持たされるのだとすれば、**「身体そのもの」という発想を見た目に関する議論に導入することの帰結に注意を払っているか？**は性の多様性を見た目と引きつけて考える議論に必須だろう。でなければ、「多様な見た目」と言いつつ要は「劣った身体の持ち主」としてセクシュアルマイノリティを捉える発想に、「身体」を口実とした「正当性」を与えてしまいかねない。[8]

6　「見え」への還元に基づく寛容

ここまで検討してきたように、個人の性のあり方、とその見た目の関係は複雑なものである。

どんな見た目にもその人の性のあり方と結びつけた「らしさ」を見出すのは、あまりにもナイーブなのだ。

にもかかわらず見た目と性のあり方を結びつけるとき、その背後に、他者が自分にとって「見え」たままの、「見え」たかぎりにおいての存在であってほしい、という欲望はないだろうか。セクシュアルマイノリティはつねにその性のあり方を誤解され単純化されてきた、さらには「単に知らないだけでなく、積極的に知らないままにしておこう」（森山 2017：24）とされてきたことをふまえれば、ここでも「見てわかる」以上の複雑性は把握したくない、という欲望が作動している可能性は高い。

それどころか、もっと悪意に満ちた想定、すなわち見た目が「悪い」かぎりにおいての寛容という想定すら立てることができる。(9)「どんな見た目でもよい」が、事実上「醜い者はかわいそうなので受け入れてあげる」でしかない可能性はないだろうか。際物扱いされる「オネエ」タレントのメディア表象を考えれば、これもあながち杞憂とは言えないはずだ。

まったく逆に、マイノリティは見た目が「よい」から寛容に接することができると考えるマジョリティもまた抑圧的であることに変わりない。そこではむしろ、マジョリティ自身の「寛容性やフレキシビリティを演出するために」、マイノリティの「洗練されたイメージ」が利用されているに過ぎないからである（黒岩 2016：51-52）。

したがって、**自分への「見え」に拘泥し、すなわち自分が見る側で相手が見られる側であるこ**

とを前提とした上で許容しているにすぎないのではないか？という点は、つねに検討されなければならない。セクシュアルマイノリティが「可視性」を高めざる得ない苦境に未だ立たされていることに依存し、高みの見物をする（それは時に、「見せる」営為に駆り立てられるマイノリティ自身を見る側の共犯者にさえ仕立て上げかねない）のは避けなければならない。

7　見て見ぬふりに抗して

以上、性の多様性と見た目に関する議論を検討し、ふまえるべき五つの論点を抽出した。おそらく、本章のタイトルでもあるような、「どんな見た目でもいいじゃない、ＬＧＢＴの人たちみたいに」と言ってしまう人々は、これら五つの論点を引き受けていない、あるいはそれらに気づいてすらいない可能性が高いのではないか。たとえば、セクシュアルマイノリティについて、

- 「普通の男／女」とは違う見た目の存在、と認識している
- それぞれの性のあり方に「即した」、「らしい」見た目をしていると想定している
- 選べない見た目なのだから仕方ないと片付けている、あるいは逆に、風変わりな見た目を自

己の責任において選んだから称賛に値すると考えている
・社会規範に翻弄される厄介で非可塑的な「身体」の持ち主として同情している
・風変わりな見た目を自分に見せてくれる存在としてのみ尊重している

からこそ、「どんな見た目でもいいじゃない、LGBTの人たちみたいに」と気安く言えてしまうのではないか。私にはその可能性は高いように思われる（そのような考えの人々が言いそうな台詞として本章のタイトルを創作したのだから当然だが）。

これほどまでに留意すべき点が多いのだとすれば、もうセクシュアルマイノリティの見た目に言及したり、褒めたりしてはいけないのだ、と感じる人もいるだろうが、そのように受け取られることは私の本意ではない。たしかに、一般に、他者の見た目に軽率に言及しすぎだろう、ということはある。他方で、他者の見た目について、好意的に評価したり、そのことを当の相手に伝えたりすることが、エンパワーメントになり、あるいはコミュニケーションの場をより公正で風通しのよいものにすることもある。また、「触らぬ神に祟《たた》りなし」とばかりにセクシュアルマイノリティの見た目にだけ言及しないとすれば、それ自体が抑圧の一形態であるとも言える。それは文字通りの見て見ぬふりだ。

むしろ、性の多様性と見た目の関係について、気をつけつつ繊細なやり方でもっと語るべきだ、と私は主張したい。先に挙げた五つの問いを自問しつつ、性のあり方と見た目について、それぞれがそれぞれの仕方で、積極的に語る（術を探る）べきなのだ。その結果としてであれば、多様な性のあり方と結びつきうる多様な見た目をともに楽しむこともできるだろう。その時はじめて、「どんな見た目でもいいじゃない」という言葉は、人々に公正さと風通しの良さを授けるものになるはずである。

註

（1）人々が視覚を通じて他者を見ていることを前提とする本章は、それ自体視覚中心主義、晴眼者中心主義の問題を抱えることを免れないだろう。クィア理論の視覚中心主義については註（3）を参照。

（2）マグヌス・ヒルシュフェルトは一九一〇年に異性装により性的興奮を得る者という意味でこの語を提示したが、一九九〇年代には、性別に関して非典型的な服装をするがそれ以外の身体改変は行わない者、という意味で用いられるようになった（Stryker 2017：39-40）。

（3）ただし、視覚中心主義的なクィア理論の構成に対する批判も存在する。バトラーに対し、トランスセクシュアルの身体経験を適切に記述できていないと批判するものとしてProsser（1998）。この論点についてはShimizu（2008）の第一章が詳しい。

（4）ただだし、鶴田（2009）によれば、「女らしい」「男らしい」とされる「手がかり」によって自身の望む性別の人間と判断されることは、性同一性障害の当事者にとってパスの成功ではない、と考えられている。目指されるのは「一瞥による判断」に対してパスすることであり、「「どっち?」」と思われることは、パッシングの失敗の危機なのではなく、すでに失敗なのである」（鶴田 2009 : 61）。ここから明らかになるのは、鶴田が的確に表現しているように、「女／男であること」を見るとは、「「外見」以上のものを見る」行為だ、という点である。

（5）バトラーによるパフォーマンス／パフォーマティヴの区別に、それぞれ選択可能な行為／強制された行為を重ねることもできるだろう。ただし、藤高（2018 : 163-173）が指摘するように、バトラーはジェンダーに「選択」の概念は馴染まないと考えており、「もともとパフォーマンス概念には自由意志／決定論の二元論を乗り越える意図があった」（藤高 2018 : 169）点には留意すべきだろう。

（6）この「装い」の中には、仕草や言葉遣いなど、一般に「振る舞い」と表現される要素を含めてもかまわないだろう。もちろん両者には大きな違いがあるが、「身体」と対置されるかぎりにおいては、一時的な「演技」が容易である要素として、往々にしてまとめて把握されているように思われる。

（7）物質的な身体は「身体イメージ」の媒介によって初めて生きられる、という点について、性別違和の経験に照準しながら検討したものとして、藤高（2020）。

（8）本文ではトランスジェンダーを取り上げたが、同性愛者に対する「同性に欲情する誤った身体の持ち主」という差別的観念のように、さまざまなセクシュアルマイノリティに対し、「身体」を持ち出して変更不可能な悪徳を見出すことは残念ながら可能である。

（9）可視／不可視性と「恩恵としての寛容」の関係については、風間（2019）。

文献

Butler, Judith 1990 *Gender Trouble : Feminism and the Subversion of Identity*, London : Routledge.（＝1999 竹村和子訳『ジェンダー・トラブル――フェミニズムとアイデンティティの攪乱』青土社）

Butler, Judith 1993 *Bodies That Matter : On the Discursive Limits of "Sex"*, London : Routledge.（＝2021 佐藤嘉幸監訳、

竹村和子、越智博美訳『問題=物質《マター》となる身体――「セックス」の言説的境界について』以文社）
藤高和輝 2018『ジュディス・バトラー――生と哲学を賭けた闘い』以文社
―― 2020「「性別違和」とは何か？――トランスジェンダー現象学の導入に向けて」稲原美苗、川崎唯史、中澤瞳、宮原優編『フェミニスト現象学入門――経験から「普通」を問い直す』ナカニシヤ出版、一一五―二八頁
Jagose, Annamarie, 1996, *Queer Theory: An Introduction*, New York: New York University Press.
加藤秀一 2017『はじめてのジェンダー論』有斐閣
風間孝 2019「クローゼットと寛容――府中青年の家裁判はなぜゲイ男性によって批判されたか」菊地夏野、堀江有里、飯野由里子編著『クィア・スタディーズをひらく1　アイデンティティ、コミュニティ、スペース』晃洋書房、五二―八〇頁
黒岩裕市 2016『ゲイの可視化を読む――現代文学に描かれる〈性の多様性〉？』晃洋書房
松岡宗嗣 2021「バラエティー番組の暴力性――性的マイノリティをめぐる表現から」青弓社編集部編著『「テレビは見ない」というけれど――エンタメコンテンツをフェミニズム・ジェンダーから読む』青弓社、八六―一〇二頁
森山至貴 2012『「ゲイコミュニティ」の社会学』勁草書房
―― 2017『LGBTを読みとく――クィア・スタディーズ入門』ちくま新書
Prosser, Jay 1998 Second Skins: The Body Narratives of Transsexuality, New York: Columbia University Press.
島袋海理 2021「恋愛からの疎外、恋愛への疎外――同性愛者の問題経験にみるもう一つの生きづらさ」『現代思想』四九巻一〇号、三一―八頁
清水晶子 2003「期待を裏切る――フェムとその不可視の「アイデンティティ」について」『女性学』一一号、五二―六八頁
Shimizu, Akiko 2008 *Lying Bodies: Survival and Subversion in the Field of Vision*, New York: Peter Lang.

Stryker, Susan 2017 *Transgender History : The Roots of Today's Revolution*, Revised Edition, New York : Seal.
Valentine, David 2007 *Imagining Transgender : An Ethnography of a Category*, Durham : Duke University Press.

第7章　笑っても地獄、笑わなくても地獄

1　笑えない下ネタは、それでものさばる

下ネタはなぜ笑えないのだろう。そりゃあ、友人知人であれお笑い芸人であれ相性というものがあるから、向こうが笑わせようと思っていてもこっちとしてはピンと来ない、くらいのことはよくある。でも、下ネタの笑えなさっていうのは、単に面白くないだけではなくて、ものすごく不快なのだ。

気が立っている女性を見るなり月経と結びつけて納得してみせたり、包茎の男性を子ども扱いしておちょくったりすることの、何が面白いのか？　どこが笑えるのか？　全然わからない。向こう岸が遠すぎてくらくらしてくる。ところが、これっぽっちも行きたくないと思うこの向こう岸から、なぜか知らないけれど船はひっきりなしにやってきて、乱暴にこちら側に接岸するので

ある。帰ってほしい。というか来ないでほしい。

それはお前が本当に面白い下ネタを知らないからだ、そう言いたい人もいるかもしれない。ちょっと待ってほしい。まさか、私が性に関する話題について笑ったりおかしいと思ったりしたことがないとでも思っているのだろうか？　あるよ。仲の良い友人と、あるいはさっき出会ったばかりの人とでも、性的な話題についてきわどい会話を楽しむことはあるし、その中には笑いもある。でもそれは、世の中に行き渡っているような「下ネタ」とは、決定的に違うのだ。

もちろん、「私が笑える話を下ネタとは呼びたくない」といった方向に話を進めてもどこにもたどり着かないのはわかっている。自分にとって笑えることを「下ネタでなさ」と結びつけるのであれば、ひるがえって下ネタが笑えないことになるのは当たり前だからだ。お好みであれば、それは下ネタに対する私の個人的な思い込みだとか、恣意的な定義だとか言ってくれてもかまわない、なぜならそのとおりなのだから。あなたを道連れに行き止まりに入りこんだりしないから、ご安心を。

でも、本当に笑える性の話題はこれだ！　みたいな方向にも進まない。「本当に笑える性の話題を自分は知っている」という態度で薦めてくる人の下ネタは、やっぱり不快だろうな、と予想できてしまうから、という理由もある。なんというか、「向こう岸からわざわざこちら側にやってくる輩《やから》」感がびしびし伝わってくるのだ。でも、私のあやふやな予感よりもずっと重要なのは、この方向に向かってもやっぱり単なる定義の問題にしかたどり着かないことの方である。下ネタを「性的な話題（についての話）」とするのであれば、性的な話題はすべて笑えない、という無茶な前提をおかないかぎり、「下ネタには笑えるものと笑えないものがある」という当たり前の結論が導かれる。だから何だというのだろう?

だから、この文章で考えてみたいのは、まったく別の問題なのだ。笑えない下ネタに憤ってなんだか徒労に終わる、うんざりするほど繰り返されてきたあの嫌な気分こそを、下ネタについて考えるべき中心的な経験としてきちんと取り扱いたい。そして、いつもこちら側の徒労に終わるのは、最初から憤りも徒労も向こう岸の人間には織り込み済みだからではないか、という方向に進んでみたいのである。「その下ネタ、笑えないんですけど」と言われてむしろほくそ笑んでいる奴がいるなら、そのことを踏まえて性に関して語ることを可能にしたい（しかも、面白くて楽しいかたちで）。だから、笑えない下ネタがそれでものさばるのはどうしてなのかを、考えてみたいのだ。

2　下ネタペンスルール

本題に入る前に、ひとつだけ考えておきたいことがある。さっき私は、「性的な話題はすべて笑えない、という無茶な前提をおかない」と書いた。けれど、ほんとうにそんなことを言ってよいかは、少し吟味する必要がある。私は「心置きなく性に関する話題で笑う経験はありうる」と思っている、というか、性に関する話題をそういうものとして救い出したい。けれども、そもそも「性的な話題そのものが会話のネタとしてふさわしくない」という立場もありうる。

この立場に立てば、議論の余地はない。性的な話題はダメ、以上である。少し窮屈だけど、シンプルで平等なルールに見える。でも、実はそうではない。性的な話題をタブー視する考え方は、「性は汚いもの」とか「性は下品なもの」という規範ととても折り合いがよい。そして、この規範は実際には誰にでも平等にふりかかるわけではない。実際には、女性だとかセクシュアルマイノリティだとかが「性的な存在」とみなされて、汚いだとか下品だとかといったレッテルを貼られてしまうのだ。女性が言う「嫌よ嫌よ」も好きのうちだとか、ゲイがいつも自分を襲ってくるんじゃないかと男性異性愛者が怖がってみせるなどというのは、まさに特定の属性を「性的な存在」として見なす典型的な方法である。だから、女性やセクシュアルマイノリティにとっては、みずからの性のあり方を適切に話題にすることが重要な課題だったし、今もそうなのだ。

ペンスルールという言葉を聞いたことのある人がいるかもしれない。ペンスはかつてのアメリカの副大統領で、セクシュアル・ハラスメント（をしたと疑われること）を避けるために、妻以外の女性と一対一で食事しないと宣言した。これがペンスルールである。セクハラを避けようとする姿勢が立派だって？　とんでもない。これは最悪のやり方だ。なぜなら、妻以外の女性と食事しないでいる間にも、男性とは食事をして、人間関係をつくったり、仕事の話をしたりするわけだからである。ペンスルールは単に（職場を含む）男性たちの人間関係から女性を排除することにしかならない。これでは、黒人を隔離すれば黒人差別は起きなくなる、といった理不尽な話と大して変わりがない。人種差別の歴史を抱えるアメリカで、よくこんな恥知らずなことが言えたな、と思う。

「性的な話題はダメ」という考え方を、私は下ネタペンスルールと呼びたい。性の話題を避けることは実のところ隔離であること、そして性一般（とはそもそも何だろう？）に対する態度とされるものは、実際は特定の性のあり方や、そのような性を生きる人に対する態度になってしまうことを考えれば、「性の話題はダメ」は結局のところ女性やセクシュアルマイノリティの隔離になってしまう。下ネタの不快さを避けて別の不平等を引き寄せてしまうなら意味がない。

だから、性を理由に誰かが排除され抑圧されることに憤っているなら、性についての話題を避けることには抗うべきなのだ……と書いたものの、ここで少し頭を抱えてしまった。「そうだそうだ！」と声を張り上げながら、向こう岸からやってくる面倒な人たちが見える。「性についての話題を避けてはいけない！」という主張を盾に、不快な下ネタを投げつけてくる人たちが。「月経は隠すべきことじゃないんだろ？」とか言いながら他人が月経の最中ではないかと邪推して笑う奴も、「包茎は恥ずかしいことじゃないんだろ？」と言いながら誰かが包茎であることを暴露して笑いをとる奴もいる、残念ながら。こちら側の岸を守るためには、性に関して適切に話題にしつつ下ネタの不快さに立ち向かう、そんな護岸工事が必要なのだ。

3　真面目さは封じられる

そもそも、生理痛やＰＭＳで定期的につらい思いをしている人がいて、漫画雑誌を読むたびにタートルネックを顔まで引き上げた広告写真に「お前の性器は恥ずかしい形をしている」と追い詰められる人がいるのだから、そこにあるのは笑いごとでは済まされないことだ。だから、正直私は月経や包茎を笑える話題としてとりあげたくはないし、そんなことはしてこなかったはずである。やはり、性を笑いの対象にするからいけないのであって、真面目に語ればよい……いや、少し待ってほしい。「月経は隠すべきことじゃないんだろ?」「包茎は恥ずかしいことじゃないんだろ?」を前振りに月経や包茎を笑いのネタにすることがなかったとしても、この前振りにあたる発言だけで十分に不快な場合が多くはないだろうか。「真面目さを前振りに笑いをとることとの不快さ」と同時に、「真面目さが「そういう体《てい》」でしかないことの不快さ」は絶対に存在する。だから「性的な話題を笑いにしてはダメ」は、性についてきちんと話題にすることと、性についての話で不快な思いにならないことの折り合いのつけどころとしては、あまりうまくない。笑いにされても不快、真面目な体でも不快。なぜこんなことになってしまうんだろう。

笑いと表向きの真面目さのあいだに板挟みになる経験について考えるために、登場してほしい人がいる。江原由美子だ。江原の「からかいの政治学」(『女性解放という思想』所収)は、不快な笑いに女性が閉じ込められる困難について書いた、記念碑的な論文である。その道筋を追いながら、笑いが不快さをもたらす経験について考えてみたい。

一九七〇年代のウーマンリブ運動に対するメディアのとりあげ方はからかいあるいは嘲笑に満ちたものだった。江原は、このからかいには「単なる批判や攻撃、いやがらせにとどまらない固有の質」（二七四頁）があると指摘する。第一に、これはからかいなのだから真面目な話ではない、というかたちでその発言に対する責任を回避することができる。第二に、からかいは一種の「遊び」であり、その場にいるもの全員がその「遊び」の雰囲気を壊さないという「消極的な共謀」（二七八頁）を要請される。第三に、からかわれる側の行為やその意図について、からかわれる側自身よりもからかう側の方がよくわかっている、というかまえで語ることができてしまう。

ウーマンリブに対する報道をはなれて、「お前が連れションしないのは包茎なのを見られたくないからじゃね（笑）」というからかいに対して、「自分が行きたくなった時にトイレに行っているだけだ」と反論する例を考えてみよう。まずこの発言は、からかわれる側のトイレに行くという行為に関する意図を勝手に決めつけている（第三の点）。そして、この反論に対して、「ふざけて言ってるんだから本気にするなよ」と言えばからかう側は発言の責任を問われずに抗議を封じることができる（第一の点）。くわえて、「せっかくみんなが笑っているのに、場の雰囲気を壊すようなことを言うなよ」とからかう側も周囲の人々も思う可能性が高いのは、そもそもこのからかいが場の雰囲気の強要と結びついているからである（第二の点）。この文章で考えてみたいと予告しておいた、「笑えない下ネタに憤ってなんだか徒労に終わる、うんざりするほど繰り返されてきたあの嫌な気分」がよみがえってはこないだろうか。

江原のからかいに関する分析は、下ネタにもあてはまる。そもそも、今とりあげた連れョンの例（いつも思うのだけれど、性差別やハラスメント、不快な下ネタの例を考えるのはしんどいし、読み手も読むのがしんどいと思う。私に文章力があれば例を挙げずにうまく説明できるのだろうけれど、きちんと腑に落ちてほしいと思うと私はやはり例にたよってしまう。不甲斐ない）は、からかいの例であると同時に下ネタの例にもなっているとわかってもらえると思う。そして、なぜ不快な笑いに閉じ込められてしまうのかについて、江原は教えてくれる。つまり、「閉じ込められる」というこの感覚は、「笑い」のかたちをとることで下ネタがあらかじめ真面目さを封じることによって生まれているのだ。真面目に語られれば、真面目に反論することができる（気がする）。でも、笑いのかたちをとって語られてしまうと、「本気にするなよ」と先手を打たれてしまうので、真面目な反論の効き目が奪われてしまう。徒労感の理由はここにある。

4　消極的な共謀

あれ、だったらなおのこと、「性を笑いの対象にするな」を徹底する方向に進めばよいのだろうか。あらかじめ真面目さを封じられないための最良の方法は、「そもそも笑いのネタにするな」

ではないのだろうか？

そうではない、と私は言いたい。そのために思い切って、からかいから差別やハラスメントの問題にまで話を広げてみよう。というか、下ネタの不快さは差別やハラスメントのまずさと重なる、ということを示してみよう。そのために、江原の指摘した第二の点をもう一度召喚したい。そう、雰囲気を壊さないという「消極的な共謀」のことだ。

場の雰囲気がひとつの方向に傾くことのまずさは、ハラスメントや差別に関する議論でもよく言われている。たとえば、ハラスメントには対価型だけでなく環境型のものがあることはそれなりに広まっていると思う。上司などが対価をちらつかせて特定の行為や態度を要求するのが対価型のハラスメントで、職場内で猥談に絶えずさらされたり、ヌードポスターが職場内に掲げられていたりして、就業意識を低下させられることが環境型のハラスメントである。ここで着目したいのはもちろん後者の環境型ハラスメントだ。環境型ハラスメントは、「場の雰囲気」が仕事に関係のない（おもに性的な要素によって）不快な方へと傾いてしまっていることのまずさを告発するための概念である。このような概念が必要とされるのは、その不快さになかなか抗議できないことの裏返しで、さらに言えば場の雰囲気の維持を強要されていることの裏返しでもある。

「からかいの政治学」の議論を環境型ハラスメントのあり方に接ぎ木させたうえで下ネタの話にさらに接ぎ木すると、こんなことが言える。おもしろくない下ネタに対して「その下ネタ、笑えないんですけど」と言い返すのは、ときに（いや、多くの場合だろうか）有効ではない。なぜなら、「からかい」の要素をもった下ネタは、「笑えるおもしろさ」を伝えようとしているのではなく（あるいは少なくともそれだけではなく）「笑えるだろ、なら笑え」という強要を含んでいる可能性があるからだ。思い切って言い直してしまえば、下ネタの不快さには、笑えるかどうかのジャッジがそもそもこちら側にゆだねられていない状態で笑えない言葉にさらされることの不快さが含まれている。あなたにも身に覚えがあるのではないだろうか。

だからやはり「性を笑いの対象にするな」と主張すべき、ということになるのだろうか。それができたら（これまでの話だけをふまえるならば）最高かもしれないけれど、まずはあまりうまくいかなそうに思える。「不快な下ネタを押し付けるな」と「（不快な）下ネタを受け入れる場の雰囲気にしたがえ」の戦いは、そこに「笑い」の要素が組みこまれている場合、「からかい」と同じく、後者の方が圧倒的に強さを発揮する。実際、江原の論文も、「からかい」への対処策ではなく、からかいを振り払うのがいかに困難かを指摘するにとどまっている（だからこの論文はダメだと言いたいのではない。それほどに「からかい」の呪縛は強い）。

5　「われわれ」と「あっち側」

さらに大事な理由は、積み残しておいた「真面目さが「そういう体《てい》」でしかないことの不快さ」にかかわる。「笑えるかどうかのジャッジがそもそもこちら側にゆだねられていない状態」の不快さがあるとすれば、「向こうに都合のよいように真面目な体《てい》を設定されること」も、逆に見えて同じ不快さとして説明できるのではないだろうか。そうであるならば、下ネタの「笑えなさ」に対して、「真面目さ」を対置すると、さっきまで不快だった「笑えなさ」と同じものを引き受けなければならなくなる。向こう岸は不快な下ネタ、こちらの岸は真面目さ、だと思っているうちに、そこが向こう岸であることに気づく……私たちは今、こちらの岸を守ろうとしてうっかり向こう岸に流されてしまう地点にいるのかもしれない。

溺れずに考えるための救命胴衣は、差別に関する研究の中にある。三者関係による差別を論じた佐藤裕の『差別論』が助けになってくれるはずだ。

人々の直接的なやりとりの中にあらわれる差別とは、どんなものだろう。ある男性がある女性に対し女性差別をする、ある日本人がある外国人に対して外国人差別をする、ある健常者がある障害者に対して障害者差別をする……ここには二者間の差別がたしかに存在する。でも、たとえば異性愛者が異性愛者に対してする発言が同性愛者差別になっている、といったこともあるのではないだろうか。このような三者関係の中の差別に佐藤は着目する。たとえば相手が異性愛男性だって分かっていて「お前ホモかよ」とおちょくる異性愛男性が、あちこちにいないだろうか。言われた方も「ちげーよ」などと笑って応答していたりする。もちろん、その場に同性愛者がいれば人知れず傷つくこともあるかもしれない（同性愛者だけでなく、心ある異性愛者だって傷つく）。

ここには、会話のやり取りをしている二者ではなく、その外側の第三者が傷つくというかたちの差別が生まれている。

佐藤は、第三者を差別するやりとりにおいて、二者間の会話は話し手が聞き手を「われわれ」の側だと規定して囲い込む営みであると論じている。いわば、その場にいないとされる同性愛者を「あっち側の人間」とみなし、「あなたは私の側だよね」と詰め寄っている……この道はいつか来た道、そう、これは場の雰囲気の維持の強要にほかならない。この場は同性愛者をからかう異性愛者によるやりとりの場だ、という前提が二者のあいだで共有され、場合によっては聞き手側が、あるいはその場にいたそれ以外の人物がその前提を強要される。

だから佐藤は、聞き手にあたる側になった場合に「われわれ」の側に組み入れられることを避ければ、差別を成立させずにすむと論じる。たしかに、「お前ホモかよ」と言われた異性愛者が、「ゲイだと思われたら俺がむきになって否定するとでも思ってるわけ?」と返答すれば、相手の毒気を抜いてやることはできるかもしれない。実際「お前ホモかよ」はある種の下ネタであると言えるわけで、したがってこの種の返答はあるタイプの下ネタへの対抗措置としては有効だと思う。

ただし、下ネタの中には、この種の毒気抜きが効かないタイプのものも多い。なぜなら、先にあげた差別発言は聞き手の属性に関するものだけれど、すべての下ネタがそうだとはかぎらないからである。ここからはもう佐藤の議論を直接参照するものではなくなるけれど、三者関係に注目する発想だけは引き継がせてもらおう。

たとえば、マスターベーションに関する話題が下ネタとして発せられたとしよう。その発言を聞いた私が「それ、笑えないんですけど」といった場合、三者関係の中で私はどの位置を占めることになるのか。「われわれ」に組み入れられるのを回避した？　そうだろうが、でもそれだけではない。多分私は、その瞬間「われわれ」から弾き飛ばされて、第三者の位置に追いやられる。たとえば、本当は異性愛者であるとわかったうえで「お前は同性愛者ではないか」と言われた場合、返答によって「あっち側」としての同性愛者に組み入れられることはない。もちろんそうと分かっていて同性愛者扱いする別の笑いに持ち込まれることはありうるが、巧みに返答すればそれも回避することができる。ところが、下ネタにおいてはそれを笑うかどうかという流動的な境界線によって「われわれ」とそれ以外が区別されるので、笑わなかった瞬間「あっち側」扱いをされても、拒みようがない。下ネタは、私と一緒に笑う側の人間であることを強要するものでありうるだけじゃない。笑わなかった瞬間に「あっち側」認定ができるものでもあるのだ。

6　笑わないのは織り込み済み

ここでもう一度、佐藤の議論に戻りたい。佐藤は、三者関係における差別は、「あちら側」を想定しながら、話し手が聞き手を「われわれ」側に引き込む、つまり私たちの言葉づかいで言えば、場の雰囲気の維持を強要する行為だと言っている。そして、下ネタもまた場の雰囲気の維持をおこなう行為でもあるのは、江原の論文を検討して私たちがたどりついた地点でもある。組み合わせれば、次のような可能性が見えてくる。「笑い」を強要する下ネタが言われるとき、「笑わない奴ら」として「あっち側」がはじめから想定されてしまっていることがありうるのではないだろうか。

救命胴衣をつけているのをよいことにずいぶんと泳ぎ回ってしまった。私が考えていることは実はかなり単純である。そもそも下ネタに対して「免疫」とか「耐性」とか言っている人間が多い時点で（インターネットで検索すれば、この手の言葉遣いがそれなりに広まっていることがわかってもらえると思う。私は学生から「下ネタに耐性をつけるにはどうしたらよいですか?」とかよく訊かれたりもするのである。「耐性なんていらない」ともちろん答えるのだが）、下ネタで笑わない人がいるのはみんなわかっている。そのうえで、最初から相手が恥ずかしがったり笑えなくて困ったりするのを見越して発せられる下ネタは絶対にある、というのが私の言いたいことだ。この種の下ネタは、最初から相手を「下ネタで笑えない奴」扱いする気まんまんで発せられる。あるいは、本当に笑わせるつもりで発した下ネタでもし笑ってもらえなくても、佐藤の図式での二者目（聞き手）から三者目に相手をスライドさせて「下ネタで笑えない奴」認定すれば、一者目（下ネタを言う側）は無傷で「われわれ」の側にいられる。下ネタで笑ってもらえても笑ってもらえなくても、笑いというシールドで場の雰囲気に沿った側にいられる人にとっては痛くも痒くもない。でも、下ネタをぶつけられた方は、無理して笑えば向こう岸側と一緒にされるし、笑わなければ場の雰囲気を乱す「あっち側」認定されるし、どっちに転んでもよいことはない。笑っても地獄、笑わなくても地獄。逃げ場はないのだ。

7　ネガ下ネタ

もっと地獄のような話が残っていた。下ネタで笑わない人がいるのだから、性の話題を笑いで包んではいけない、真面目に話さなければ、という体《てい》で性の話題を持ち出して、内心にやにやしている人がいる。いや、これは正確な表現ではない。その内心が外に漏れてきている、あるいはわざと外に漏らして相手の嫌がる顔を見たがっている人がいる。笑いを伴わない、むしろその反対の真面目さを装っているので、フィルムのポジとネガをもじって私はこれをネガ下ネタと呼びたい。正直、私のように性を授業であつかう教師は、いくらでもネガ下ネタを言えてしまう。「これは授業に関係のあることだから」と強弁すれば、どんなことだって言い放題だ。もちろん、私はそんなことはしていない（少なくとも自分ではそう思っている）し、そんなことをしてもそれが強弁だと相手、この場合は学生に見抜かれてしまうだろうとも思っている。けれども、強弁は見抜かれても押し通せるから強弁なので、そして見抜かれていてこそ相手は嫌がってくれるので、「きっと嫌がっているだろうな」と思いながら「これは真面目な性の話題です」と言いながら下ネタを放ちまくることが、強い立場の人間だとできてしまう。大学という場ではそれが教師から学生へだったりするけれど、大学以外でも、男性が女性に、というパターンは残念ながらよくある。強い側が「われわれ側」を設定できさえすれば、もはや笑いを用いなくても雰囲気を乱す「あっち側の奴」だと他人を認定できてしまうのだ。笑いにされても不快、真面目な体《てい》でも不快。やはり逃げ場はない。

あっちに向かってもダメ、こっちに向かってもダメなのである。護岸工事をしているつもりが向こう岸にほとんど押し流されそうになっているけれど、もう一度ここまでの話をおさらいしてみよう。笑えない下ネタにうんざりする経験をどうにかしたい、というのがはじめに考えていたことだった。このとき、性については言及しない、という方針(下ネタペンスルール)は、特定の性のあり方を不可視化することになってしまうので避けるべきである。では「性について笑いのネタにしない」でよいかというと、下ネタの特性上「そもそも笑いなんだから本気にするなよ」と言えば真面目な反論や批判を封じてしまえて、しかも「お前も笑う側だろ?」という場の雰囲気は「笑わない」ことによって解除されるどころか、笑わない側を場の雰囲気を乱す異物認定することによってあっさり維持されてしまう。場の雰囲気を維持するためなら、そもそも「笑っちゃいけない話題なんだろ?」という真面目な体《てい》で性の話題を押し付けることもできる

（ネガ下ネタ）わけで、下ネタの笑いをやめさせたとしても不快さを避けきることはできない……絶望しかない。性に関する不快でない笑いを救い出す、なんて大それた営みの手前に、幾重にも頑丈な壁が立ちはだかっている。もうダメかもしれない。

8　向こう岸に泳いでいかない

考え方をぐるっとひっくり返してみたい。ここまでずっと、不快な下ネタを言ってくるのは向こう岸の人間で、私たちはそれを不快に感じるこちら側の岸の人間だ、と言ってきた。でも、性的な話題で不快にさせるやり方がこう何重にも存在するのなら、そもそも私たちが不快な下ネタを言ってしまう向こう岸の人間である可能性も、残念ながら十分にあるのではないか。それは避けたい。ということで、ここまでのまとめをひっくり返して、不快な下ネタを言わないための方針を取り出してみよう。性の話題を避けない。笑いであっても真面目な反論に出会ったならばきちんと取り下げることを心得る。笑わない人を「あっち側」認定するのではなく、みずからが強者の側にいることを省みた上で相手の側に立とうと努める。真面目な態度であることを性の話題を語るときの免罪符にしない。

心がけとしてはかなり十分なものになっている気がする。そしてこの心がけにおいて大事なのは、他者を「あなたの下ネタを嫌がるかもしれない存在」として尊重することだ。そう、私たちが救い出すべきなのは、「あなたの下ネタを嫌がるかもしれない存在」がとても真面目に考えて、それでも取り下げたくないほどの面白さを持った性についての笑いだ。そんな笑いがあるのだろうか。あると私は信じたい。なぜなら、「性の話題を避けない」ことも、「笑いであっても真面目な反論に出会ったならばきちんと取り下げることを心得る」ことも、「笑わない人を「あっち側」認定するのではなく、みずからが強者の側にいることを省みた上で相手の側に立とうと努める」ことも、「真面目な態度であることを性の話題を語るときの免罪符にしない」ことも、満点を取るのは大変でも合格点をとるのはそれほど難しくないことなのだから(ただ、多くの人がやろうとしないだけで)。あなたが、そして私が笑いを渇望するのであれば、私たちの打ち立てた方針を守れている笑いはきっとある。というか、私たちが笑ってきた笑いの中には、そういう笑いがすでにあったはずだ……といったら虫が良すぎるだろうか? でも私はこの点については楽観的だ。少なくとも、乱暴な接岸に対処するより、向こう岸にうっかり泳いでいってしまわないよう気をつける方が簡単なはずである。

残るのは、乱暴な接岸への対処である。向こう岸の人間がこちらの岸に接岸するやりくちは、まさに「あの手この手」というべき多彩さで、ほとんど防ぎようがなく思える。江原が「からかいの政治学」において解決策を示せなかったように、私も乱暴な接岸を防ぐ妙案はすぐには思いつかない(もっとも、私の文章は「からかいの政治学」のように記念碑的な論文の足元にも及ばないけれども)。ただし、これだけは言える。こちら側の岸では、いい感じの笑いはもう間に合っています、とアピールできれば、接岸してやろうという意志をくじくことはできる。とことん真面目になって、私たちのその真面目さに耐えうる笑いを私たちで磨けばよい。不快な笑いも、上辺だけの不快な真面目さももうけっこう。幸い、性に関する話題は無限にある。どれもこれも磨いて、磨いて、磨けばよい。なんせ目的地は「笑い」なのだ、うまくやれば楽しいに決まっている。やってみる価値は絶対にあると、私は思う。

文献

江原由美子 1985「からかいの政治学」『女性解放という思想』勁草書房
佐藤裕 2005『差別論――偏見理論批判』明石ライブラリー

第8章 「何に困っているか教えてください」

1 聞く気に満ち溢れたマジョリティ

「セクシュアルマイノリティの当事者が何に困っているのかを文章に盛り込んでください」と言われて、反発を覚えたことがある。性の多様性について「理論的に」書いてくださいとの依頼に応えて書いた文章の修正要求においてだ。セクシュアルマイノリティが何に困っているかを多くの人に知ってほしいと思って普段は教壇に立ったり文章を書いたりしているのだから、渡りに船と思えばよかったのかもしれない。しかし、私はそうは思えなかった（結局、その要求に応えて文章は書き直したけれども）。

単に要求を「後出し」されたから反発した、とは思ってほしくない。修正要求があることは依頼の時に予告されていたし、丁寧に文章を読んだ上での修正要求ほど書き手としてありがたいものはない。「セクシュアルマイノリティが何に困っているのか説明するのがお前の仕事だろう」と言われたら、それはまあそのとおりだ、とも思う。

多分、私が苛立ったのは、「何に困っているか」を「大事なことだから」とセクシュアルマイノリティである私に無邪気に尋ねるその身振りなのである。たしかに、依頼した側は私がゲイ男性だとは知らなかったのかもしれない（私がセクシュアルマイノリティかもしれないと思いもせずに依頼したのなら、まずはその姿勢を改めるべきだとも思うけれど）。それでも、「もう散々説明したのに、まだマイノリティが説明して当然ということになってしまうのか」と、納得いかない気持ちが頭をもたげたのである。そういう「啓蒙」の先に進むために、私は「理論的に」書くことを頼まれたのではなかったのか。

＊

マイノリティの声は聞きとられてこなかったし、そのことが繰り返し問題視されてきた。たとえばスピヴァクは、かつて「サバルタンは語ることができない」（Spivak 1988＝1998：116）と述べたが、「語ることができない」とした記述を自己批判し、「サバルタンが死を賭して語ろうとするときですら、彼女は聞いてもらうことができない」（Spivak 1996＝1999：85）ことが問題なのだ、と記述を修正した。(1) 最終的にスピヴァクは、「聞かれない」ことこそサバルタンの生存を脅かす事態だと主張していくことになったのである。

しかし今や、聞く気に満ち溢れたマジョリティも少なくないようにも思える。「何に困っているのか教えてください」という「謙虚な」姿勢の持ち主が増え、「サバルタン」の声が聞かれる機会が確保されていくのであれば、それはよいことなのではないか。セクシュアルマイノリティが何に困っているのかを書いてほしいと依頼されるのは喜ばしいことであって、それに私が反発を覚えるのは筋違いなのだろうか。不登校について研究する貴戸理恵は次のように述べる。

「当事者」は、親や教師、支援者といった人びとの関心が集中していくポイントだ。周囲の人びとは、「当事者」にアプローチするうえで、「当事者」の気持ちを理解したい、周りにどう支援してほしいのかを知りたい、と願う。それはしばしば、熱心なコミットメントに支えられている。そうした積極的な関与の姿勢自体は、基本的にとても望ましいものだ。（貴戸 2018 : 234）

しかし、何の留保もなしに「聞く気に満ち溢れたマジョリティ」を称揚してよいのだろうか。たとえば、先の引用で貴戸は「基本的に」と但し書きをつけている。聞く気に満ち溢れたマジョリティも、それはそれで厄介な存在なのではないか。

そこで本章では、聞く気に満ち溢れたマジョリティの厄介さと、それを解除する方策について考える。「何に困っているのか教えてください」がときにマイノリティを生きづらくさせることがあるのならば、それは聞く気に満ち溢れたマジョリティにとっても本意ではないだろう。マイノリティの困難をマイノリティ自身が語るよう促すマジョリティのどこが問題なのかを検討し、マジョリティとマイノリティのよりよい対話を可能にしていきたい……という前向きな問題意識からこぼれ落ちるような、「マジョリティのそういう「良心的な」態度、本当に苛々するんですけど」というマイノリティ側の気分をすくい上げつつ、「善意のマジョリティ」の厄介さの一側面を考えていきたい。

2 私はあなたの教師ではない

マイノリティに教えを乞うマジョリティに対する不審感は、マイノリティにまつわる問題を扱う研究者がしばしば指摘するものでもある。前節で述べた（というよりもうまく言語化できなかった）私の反発が、私しか感じないような珍しいものではないと示すために、そのいくつかの例を挙げる。先の引用の直後に、貴戸は次のように述べる。

だが一方で、そうした関心を一手に引き受けることになる「当事者」には、負荷がかかってくる。先に述べたように、「不登校に対する望ましい対応」にひとつの正しい答を出すことはできない。その答を「当事者は知っている」と考え、「だから語ってくれ」と迫るとき、もしかしたらそこでは、周囲の側が引き受けるべき試行錯誤が、本人に押し付けられてしまってはいないだろうか。（貴戸 2018：235）

ここでは、「知りたい」「教えてほしい」という「基本的に」望ましい態度の中において、実は「非当事者」から「当事者」への一種の責任転嫁が起こっているのではないかと指摘されている。同様の指摘を三部倫子もおこなっている。

かれら（引用者注：自らの差別体験を語る当事者たち）は視聴者・ユーザーに対して「LGBT」の一人として自らの経験を語る。受け手になった私たちは、こうは思いやしないだろうか。「当事者の人たちはこんなにつらい思いをしているんだ」。そして、「もっと当事者の人たちの話を聞きたい」と。

（…）「当事者の人たち」の口を通してしか、私たちはかれらの体験を知ることができないのか。「当事者ではない人たち」は、「当事者の人たち」が口を開いてくれるのを、ただ黙って待っていればよいのだろうか。（三部 2019：19）

三部は、「カミングアウトしてほしい」という欲望の中には、「わざわざカミングアウトするな」という欲望と同じく、「聴く側に安住できる人々（マジョリティ）にとって都合のいい面」があると指摘する（三部 2019：23）。そこにあるのは、「「得体のしれない他者」を馴染みあるカテゴリー（LGBT）に捕らえ、その枠組のなかでかれらを知って「安心」したいという欲望」（三部 2019：22）であり、「自らの思い至らない空白部分を、「当事者」のカミングアウトによって穴埋めしてほしいという欲望」（三部 2019：23）なのである。

三部が指摘するように、教えを乞う行為は、聞く側の欠落を語る側に補わせる行為でもありうる。この点に関して個人的に思い出されるのが、インタビュー記事の原稿確認の際にしばしば編集者から言われる「（差別の問題に関しては）間違いがあってはいけないので（確認してほしい）」という言葉である。情報が正しいことは当然大事であり、私が記事を確認できることももちろん大事である。しかし、ほかの記事と同様に単に確認を求めるのではなく、差別に関する記事において確認の目的が「間違いのないように」と指定される時、編集者は自身の不安から逃れるためにマイノリティである私を利用してはいないだろうか。誤った、あるいは不適切な記事を作ってしまうことの不安は、編集者とインタビュイーによって平等に分け持たれるべきはずなのに、その責任は、それとなくインタビュイーであるマイノリティの側に負わせられているように思える。[2]

教えを乞うという状況が設定されると、マイノリティの被抑圧性が焦点となりまた根拠となることで、対話の労をむしろマイノリティがより多く取らなければならないことになってしまう（場合がある）。困っているマイノリティの方がより「汗をかかなければならない」構造が生まれるとすれば、本末転倒である。
したがって、マジョリティとしてマイノリティへの抑圧に向き合おうとする立場から、当の抑圧についてマイノリティに教えを乞うべきではない、と戒める文章が書かれることになる。たとえば、「レイシズムに反対するアライのためのチェックリスト」においては、特に白人が陥りがちな問題として、「自身の（あるいは制度上の）レイシズムに関して教育してもらおうとして非白人に依存している」ことが挙げられている（Raible 2009：2）。特権をもったマジョリティをいかに教育するか、について扱ったグッドマンの著作においても、この点は指摘されている。

特権集団の人びとは劣位集団の人々と協働することで多くを学ぶことができる。ただし彼らから何かを教わろうとは思わないことだ。質問することはもちろん適切な行為だが、劣位集団の人々の時間と労力を特権集団の教育に割くことを求めてはならない。話に耳を傾けたり、観察したりなど、情報を得たり理解を深める方法は他にもたくさんある。（Goodman 2011＝2017：262）

教わる側が教える側に対して弱い立場に置かれる、という一般的な事態とは逆に、マイノリティが教える立場に置かれることは、弱い立場に置かれることにもなりうる。したがって、マジョリティが「謙虚に教えを乞う」という事態を、そのまま手放しで喜ぶことはできない。それは、暴力的な行為になりうるのである。

しかも厄介なのは、「謙虚に教えを乞う」ことの暴力性を、意図的に行使することもできる点である。そのひとつの事例がシーライオニング（sealioning）と呼ばれる行為である。

3　シーライオニング

シーライオニングは、主に女性に対するオンラインハラスメントの一種であり、「基本的な情報、どこでも容易に見つけられる情報、無関係あるいはほとんど関係のない点について執拗に質問し声高に要求する」（Johnson 2016：13）ことを指す。[3] このハラスメントは、「ターゲットの忍耐力、注意力、対話の労力を消耗させ」要求に答えきれない地点まで追い詰めることによって、「ターゲットを理性的でない（unreasonable）人物と印象付ける」ことを意図してなされる（Johnson 2016：13）。そのため、シーライオニングは一種のＤｏＳ攻撃（denial of service attack、サーバやネットワークに意図的に過剰な負荷をかけてサービスを妨害すること）であるとも言われる（Johnson 2016：14）。

シーライオニングは、対話の共通の基盤を掘り崩しながら、その責任を相手に負わせることで自身を正しく見せようとする詭弁のひとつである。たしかに主張には根拠が必要であり、事実に基づかない議論には意味がない。しかし、ある主張にかかわる根拠や事実にすべて言及することは不可能である。それゆえ、対話は常に共通の前提に基づいてなされるのだが、その作法を意図的に無視することにより、相手に関する「論理的な主張ができない人物」というイメージを第三者に植え付けようとするのである。

ここで注目するべきは、シーライオニングは「知らないふりをすること」による攻撃や暴力の一種でもあるという点である。シーライオニングにおいては、「基本的な情報、どこでも容易に見つけられる情報」といった、「知っていて当然と思われる」知識こそがむしろ「まだ知らない聞き手に向かって話し手から提示されるべきもの」として攻撃の道具とされる。ヴィンセント・風間・河口は、同性愛者に対する差別に関する分析におけるこのような戦略を「無知の装い」(ヴィンセントほか 1997：180-185)と呼び批判する。「「無知」は「知りたくない」という姿勢を隠蔽しながら、その姿勢を維持することで同性愛者を排除する」(ヴィンセントほか 1997：185)のである。

シーライオニングと「何に困っているのか教えてください」という「謙虚に教えを乞う姿勢」は、いくつかの点において正反対であるように思える。まず、シーライオニングは攻撃の意図を隠し持っているが、「謙虚に教えを乞う姿勢」の中に攻撃の意図はない。またシーライオニングは無知を装うが「謙虚に教えを乞う姿勢」で尋ねる人は「本当に知らない」。

しかし、「知らない」状態がマジョリティに有利に働いている、という点においては、シーライオニングも「謙虚に教えを乞う姿勢」も変わらない。「教えてください」は、「知らない状態」を維持しつつも「知ろうとしている」アピールをできるという点ではシーライオニングと変わりがなく、しかもその背後に悪意がない点も示せるため、場合によってシーライオニング以上にマジョリティに都合のよい立ち位置である。たしかに、マイノリティが求めているのは、自身の被抑圧性についてマジョリティに（まずは）知ってもらうことである。では、「謙虚に教えを乞う姿勢」を持つ者は、いずれは「十分に教えてもらったので、もうマイノリティに説明の労をとっていただくには及びません」と主張するつもりがあるのだろうか。そうでないのであれば、それは「謙虚な」シーライオニングにほかならないのではないか。

「謙虚に教えを乞う姿勢」もまた一種のシーライオニングになりうるのであれば、グッドマンが述べたように「話に耳を傾けたり、観察したりなど、情報を得たり理解を深める」他の方法を選ぶのが適切なように思われる。「私に尋ねず自分で調べてこい！」は、乱暴な対応どころかきわめて正当な応答なのである。

しかし、この方針は細かい文脈上の差異に柔軟に対応できるものではない。たとえば、本章冒頭でも述べたように、「セクシュアルマイノリティが何に困っているかを多くの人に知ってほしいと思って普段は教壇に立ったり文章を書いたりしている」私が、授業中に「自分で調べてこい！」といつも主張することは、必ずとは言えないにせよ多くの場合明らかに不適切だろう。したがって、「謙虚であろうがなんだろうが、そもそもマジョリティに尋ねること自体がどんな場合であれ望ましくない」のではない。

重要なのは、知っている側（マイノリティ）と知らない側（マジョリティ）に共通の対話の平面をどのように作ることができるか、ではないだろうか。「暴力になりえて、しかもそれを意図的に行使することもできる「教えを乞う」という行為を、マイノリティにとって安全で、マジョリティにとっても実りがあるものとして設定する」作法が必要なのである。

4 積極的同意

「教えを乞う」行為の暴力性を回避するための作法を、シーライオニングを含むオンラインハラスメントへの対処として提示された「積極的同意（affirmative consent）」に関する議論の中から引き出すことができる。積極的同意はもともと、特に女性が晒される望まない性行為を性暴力として問題視するために彫琢されてきた概念である。暴力がなければレイプでない、はっきりとノーと言わなかったのだから合意した、などと判断され女性が望まない性行為を強いられる／強いられてきた状況に対処するため、自発的な意志に基づく明示的な同意＝積極的同意が相手から得られていないにもかかわらず性行為をすること自体が性暴力である、と主張されるようになってきたのである。

オンラインハラスメントを回避しつつSNS上でコミュニケーションをおこなうために必要な積極的同意には、五つの要素が含まれるとイムほかは述べる（Im et al. 2021）。具体的には、自発的であること（voluntary）、事前情報が与えられていること（informed）、取り止め可能であること（revertible）、トピックが限定されていること（specified）、負担が過剰になっていないこと（unburdensome）である。

積極的同意をいくつかの要素によって構成されるものと考えることで、細かい文脈上の差異に柔軟に対応しながら対話の基盤を作ることが可能になる。それぞれの要素に関する条件を課すか、または課す度合いを変化させるかというパラメータを文脈ごとに動かすことによって、（謙虚な）シーライオニングを避けつつその文脈に適切な対話の共通基盤を設定する可能性が開けるからである。

ただし、この五つの条件は、単に並列されているというよりは、負担が過剰にならないよう（unburdensome）に意志に関する配慮条件（voluntary, revertible）と内容に関する配慮条件（informed, specified）が設定されている、という階層構造になっていると解釈した方がよいと思われる。「負担が過剰になっていないこと」という条件以外の四つの条件は、すべて負担が過剰になることを抑制しており、また、「教えを乞う」行為がマイノリティの負担になっている点を問題視する本章の議論にとって、「負担が過剰になっていないこと」は最優先されるべき条件だからである。

この解釈に基づけば、意志に関する配慮条件は、自発的であること、取り止め可能であることである。このふたつが排他的ではないことを考えると（「取りやめ可能である」ことは、当然自分の意志で＝自発的に取りやめ可能であることを意味している）、このふたつの条件を一本化してもかまわないだろう。この条件がどのようなパラメータなのかを表現すれば、「教えてください」に答え（続け）ないことそのものを、乞われた側への否定的な評価の論拠としてよいか、ということになる。

この条件が課される一般的な状況においては、教えを乞われた側が、「答える筋合いはない」を一歩越えて、答えないことを否定的な評価につなげるべきではない、と主張することが可能になる。教えを乞うた側が「あなたが教えを乞う私の要求に応えないのは勝手だけれど、「応えないからお前は間違っている」と私が考えるのも勝手」と主張するのは誤りなのである。シーライオニングはこの根拠により批判可能である。

他方、特殊な文脈下では、この条件が課されず、「私の要求に応えないあなた」を否定的に評価してよい場合もあるだろう。たとえば、要求される側がマイノリティの教師や政治家の場合は、（後述の内容に関する配慮条件に不備がないかぎり）答えるのが当然であり、拒否権はないだろう。教師なのに「教えたくない」という発言や、政治家がしばしば用いる「回答は差し控えさせていただきたい」との発言は認められない。(4)

内容に関する配慮条件は、事前情報が与えられていること、トピックが限定されていることである。このふたつの条件がどのようなパラメータなのかを表現すれば、「教えて」に答えることを可能に／容易にするため必要な情報の提示を尋ねる側が怠ることで、答えることを不可能に／困難にする際、それを「教える」側を否定的に評価する根拠に使ってよいか、ということになる。言い換えれば、「知らない」ことをマジョリティに有利な条件とさせないための努力がその対話の場に確保されているべきなのである。

したがって、事前情報を与えトピックを限定しさえすればよいのではなく、その適切な仕方が重要である。たとえば、「マイノリティの人生全体を理解したいから」という理由で、その被差別経験に限って教えを乞うことは、かえって不適切だろう。なぜなら、マイノリティの人生をマイノリティであることに還元することは、マジョリティに有利なマイノリティ理解そのものだからである。(5) この場合は、不用意に限定しないことが望まれる。裏を返せば、多くの場合は、教えを乞う内容は事前に限定され、「教える」側の負担が必要以上に増えないようにするべきだろう。

したがって、「暴力になりえて、しかもそれを意図的に行使することもできる「教えを乞う」という行為を、マイノリティにとって安全で、マジョリティにとっても実りがあるものとして設定する」ためには、マイノリティの意志と対話の内容に配慮する条件に基づいた積極的同意が必要だといえる。この積極的同意がない場合、マイノリティ側は「答える筋合いはない」と言える（し、言えるべきな）のであり、マジョリティ側は「教えてください」と乞う前に、積極的同意が可能になる条件を提示すべきだろう。

ここまでの説明、特にふたつの条件をパラメータとして言い換えた際に「否定的に評価する」という表現を用いたのは「(一見それとわからない)難癖を退ける」ためである、という点について補足する。たとえば、シーライオニングをしかける人間は、相手が応えなくなった頃を見計らい「だからこの人間は非合理的だ」と否定的に評価する。しかし多くの場合、そもそもこのように評価していいことがここまでの説明からわかるだろう。それはマイノリティ側の負担が過剰になっている(burdensome)にすぎないからである。そしてこれは、「素朴な(それゆえ厄介な)向学心」を持った人の「教えを乞う」要求に応えずに、マイノリティ側が勝手に落胆されてしまう場合でも同じである。シーライオニングは悪だが、期待に応えてもらえなくて相手に落胆するのは当然、と「正当化」することはできない。「情状酌量の余地」はあるかもしれないが、こちらの場合もマイノリティ側を否定的に評価してはならないのには変わりがないのである。

5 (望むとおりには)聞こえません

積極的同意のふたつの条件という観点から考えると、本章冒頭のエピソードで私が苛立ったのは、このふたつの条件が適切でない仕方で組み合わせられていたからではないか、と考えることができる。当初の時点では私は依頼された文章を断ることもできたし(意志に関する配慮条件)、書く内容についても納得していた（内容に関する配慮条件）。だから依頼を引き受けたが、そのあとで内容に関する配慮条件が破られたにもかかわらず意志の配慮条件に関して仕切り直しが不可能だったため、対話において積極的同意が達成されていなかった（＝事実上無理強いされた）。だからこそ私はそこにある意味シーライオニングにつながるような問題を感じ、苛立たしさを覚えたのである。そして、それが単なる「後出し」への不満ではなく、マイノリティとして生きることのしんどさとつながったように私に感じられたのは、「マイノリティが何に困っているか」こそ、まさに「マイノリティ」が絶えず語らされる定番のトピックだったからなのである。

そしておそらく、このような話は、私のように書いたり教えたりする立場だけでなく、マイノリティならば誰でも経験しているはずだ。「あなたが何に困っているか教えてください」と要求するその言葉は、マイノリティが楽に生きられる環境を作るための第一歩かもしれない。しかし、実は仕組まれた罠かもしれないのだ。しかもその罠は、知る気など本当はまったくない悪意によっても、「本当に知りたいんです！」と目を輝かせて問うてくる無邪気な善意によっても作動する。たしかに多くの場合、「マイノリティが何に困っているのか教えてください」の背後に悪意はおそらくない。それでもなお、「マイノリティが説明する側に回らされる」というおなじみの構図が不意打ちでやってくれば、マイノリティは少しずつ、体力と尊厳を削られていくのである。

おそらく、「サバルタンは語れないのではない、聞かれないのだ」は、現に「聞かれていない」ことによってだけでなく、「聞きたいです」と言われつづけることによっても実現する。その「聞きたいです」は、いつでも都合よく「(望むとおりには) 聞こえません」と言うことが可能なものによって発せられた願望かもしれず、その場合、「聞かれない」という事態は「聞きたいです」によって回避されるのではなく、繰り返される。しかもこのとき、「聞かれない」ことの責任や原因自体が「語る側」であるマイノリティに何度も帰せられさえもする。

＊

それゆえ、あなたや私が本当にマイノリティの声を聞こうと望むのならば、「教えてください」につきまとうこの「聞こえません」の暴力から、全力で自身を引き剥がさねばならない。特効薬はないが、方針はある。その場の文脈を把握し、意志と内容に関する配慮を適切におこない、相手の積極的同意を得ながら対話をおこなっていくこと。その地道な努力の上でなら「教えてください」は、意味ある対話の糸口となるはずだ。「聞く気に満ち溢れている」の一歩先まで進んでから他者と出会うこと。本当に「聞く気に満ち溢れている」のなら、それは決して難しいことではないはずだ…と書きながらも、「わかりました、以後気をつけます!」と語るマジョリティの「良心的な」態度に対する警戒心を、私はまだ手放していないのだけれども。

註

(1) スピヴァクの修正については鵜殿(2000)が詳しく論じている。

(2) 私はマイノリティとしてよりも「専門家」としての役割を期待されていたのであり、したがってこのような編集者の要求は当然ではないか、という疑問を読者は抱くかもしれない。この点に対しては、そのように排他的な二分法を取らずに考えるべきではないか、というのが私の返答になる。この点についてはのちほど検討する。

(3) 「礼儀にかなった対話(civil conversation)」を求めると言いつつ執拗に根拠を求めるアシカ(sea lion)を描いたデヴィッド・マルキの漫画に由来する(Malki 2014)。

(4) また、差別的発言、ヘイトスピーチなどの真意を尋ねるときのように、初発の発言自体が何らかの被害を引き起こしていると言える場合には、「自発的に答えない」ことは許されないだろう。voluntaryなヘイトスピーチに対する責任として、それに関する批判への応答もvoluntaryなものだから拒んでよい、とはいえないと考えるのは対話(が目指すべき社会)の健全性の観点から十分合理的である。

(5) マイノリティの人生を被差別経験へ還元することの問題性を、調査者としての実体験をもとに好井(2006:123-125)が指摘している。

　また、「マイノリティも私たちと同じ人間です」と考えても同種の問題が生じることは指摘しておきたい。同じである部分だけを理解の対象として切り出せばよい、というのでは、裏返しにはなっているが依然マジョリティに有利なマイノリティ理解そのものだからである。マジョリティとの距離によって、同時に見ることのできないオセロの駒の両面のように「マイノリティであること」が想定されざるをえないことこそ、「マイノリティであること」の意味なのである。

文献

Goodman, D. 2011 *Promoting Diversity and Social Justice: Educating People from Privileged Groups, Second Edition*, London and New York: Routledge.(=2017 出口真紀子監訳、田辺希久子訳『真のダイバーシティをめざして――特権

に無自覚なマジョリティのための社会的公正教育』上智大学出版）
Im, Jane, Jill Dimond, Melody Berton, Una Lee, Katherine Mustelier, Mark Ackerman, Eric Gilbert 2021 "Yes: Affirmative Consent as a Theoretical Framework for Understanding and Imagining Social Platforms," *CHI '21: Proceedings of the 2021 CHI Conference on Human Factors in Computing Systems*, 1-18.
Johnson, Amy 2016 "The Multiple Harms of Sea Lions," *Perspectives on Harmful Speech Online.*（http://nrs.harvard.edu/urn-3:HUL.InstRepos:33746096）
貴戸理恵 2018『「コミュ障」の社会学』青土社
Malki, David 2014 "The Terrible Sea Lion"（http://wondermark.com/1k62/）
Raible, John 2009 "Checklist for Allies Against Racism"（https://johnraible.files.wordpress.com/2007/05/revised-2009-checklist-for-allies.pdf）
三部倫子 2019「「カミングアウトしてほしい」という欲望について」『福音と世界』七四巻六号、一八―二三頁
Spivak, Gayatri C. 1988 "Can the Subaltern Speak?", C. Nelson & L. Grossberg eds. *Marxism and the Interpretation of Culture*, University of Illinois Press.（＝1998 上村忠男訳『サバルタンは語ることができるか』みすず書房）
Spivak, Gayatri C. 1996 "Subaltern Talk: Interviews with the Editors," in *The Spivak Reader.* edited by Donna Landry and Gerald Maclean. New York and London: Routledge.（＝1999 吉原ゆかり訳「サバルタン・トーク」『現代思想』二七巻八号、八〇―一〇〇頁）
鵜殿えりか 2000「サバルタンは語ることもできる――G・C・スピヴァクの「語りかける」批評」武田悠一編『ジェンダーは超えられるのか――新しい文学批評に向けて』彩流社、一三九―一五九頁
好井裕明 2006『「あたりまえ」を疑う社会学――質的調査のセンス』光文社新書

第9章 「今度はインターセクショナリティが流行ってるんだって？」

1 「流行」を正しく後押しするために

インターセクショナリティ（詳しい説明はのちにおこなうが、ひとまず単純化して述べれば権力関係の交差性）という言葉がこの数年ほどの日本社会で「流行っている」と、たしかに言えないことはない。社会運動や学術の領域よりはもう少し広い範囲で、インターセクショナリティという言葉を見聞きするようになったのは、この数年ほどのことだと言ってよさそうだからである。「インターセクショナリティ」という語を冠した最初の日本語書籍が二〇二一年に刊行されて以降（Collins & Bilge 2020＝2021）、同語を冠したアンソロジーや訳書は次々と刊行されている。

また、インターセクショナリティという言葉の「流行」は日本語圏に限定されるものではない。

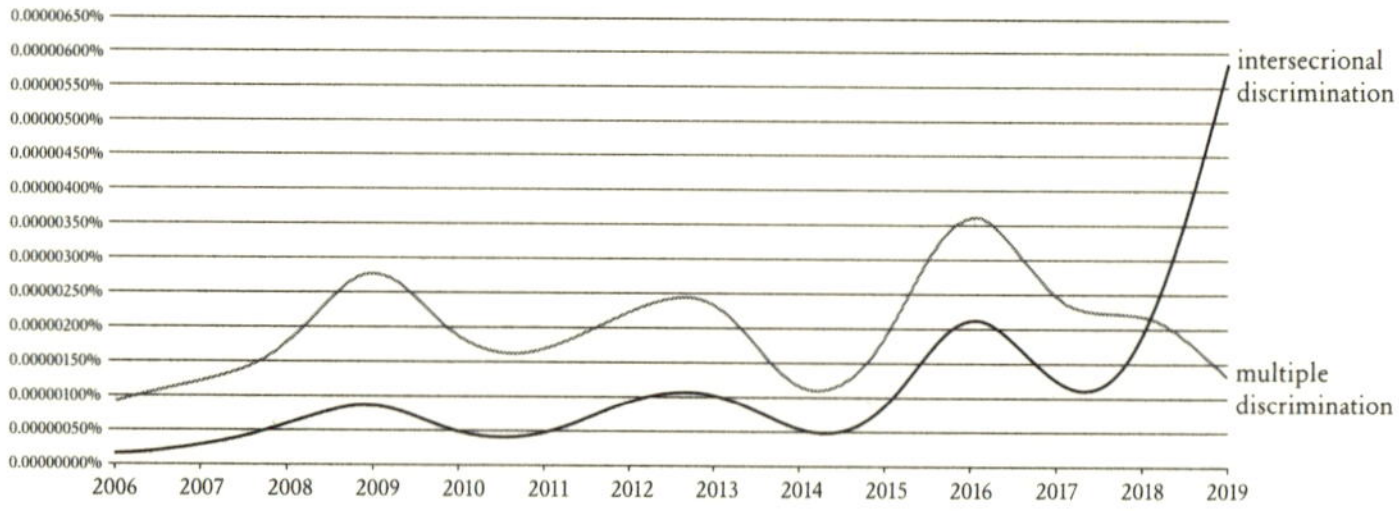

たとえば国連の女性差別撤廃委員会による日本に対する第七、八回審査の最終レポートには、multiple/intersectional discrimination（複合差別／インターセクショナルな差別）という表現が存在するが（Committee on the Elimination of Discrimination against Women 2016）、第六回の最終レポートでは multiple discrimination という表現しか見当たらない（Committee on the Elimination of Discrimination against Women 2009）。しかも、multiple という形容詞に intersectional が置き換わっていく可能性もある（インターセクショナリティが複合差別と異なる点については後述）。Google の N-gram viewer で「multiple discrimination」と「intersectional discrimination」を比較すると、二〇一八年以降は後者の表現の方がよく使われているのである（図）。

もちろん、インターセクショナリティという語の使用や、この語に託された発想が古くまで遡れることは、すでに何度となく指摘されている。ブラック・フェミニストの発想を引き継ぎつつキンバリー・クレンショーがこの語を論文中で提示したのは一九八九年である（Crenshaw 1989）。また、この経緯からもわかるように、ブラック・フェミニズムの問題意識がフェミニズム内部に生まれた一九六〇年代後半には、すでにインターセクショナリティの発想は存在していた（藤高 2020）。インターセクショナリティに関する多くの論考において、この点はくりかえし強調されているはずである。

したがって、インターセクショナリティを目新しい概念として取り上げることはきわめて問題含みな態度である。単に事実誤認に基づいているだけではない。場合によっては反差別の歴史の忘却や、権利獲得や平等な社会への変革に尽力した先人の軽視などの問題を伴っている可能性があるからである。

他方で、この言葉に注目が集まることで、見過ごされがちな差別のあり方に多くの注意が向けられるようになり、その解消につながるのであれば、「流行」自体にも意義はある。クレンショーが「新語」を提唱することで軽視されがちな社会的現実に光を当てようとしたことを思えば、むしろもっと「流行って」もらわないと困るとすら言えるだろう。

厄介なのは、歴史的な経緯をともなった、実践上の意義のある切実な概念が「流行」という形で急速に社会に広まると、本来の役割を果たせなくなってしまう場合もある、という点である。たとえば、その来歴や含意を削ぎ落とされ単純化された語義に基づいて「新語」の意義が否定されたり、場合によっては曲解に基づいて難癖をつけられたりするかもしれない。現に、「ヘイトスピーチ」は抑圧や差別に対する正当な抗議に対する抑圧者・差別者側からの敵対的なラベリングに使われ、「マイクロアグレッション」は、「誰もが経験する程度の会話の上での些細なトラブル」としてなかったことにされているではないか。

そこで本章では、「インターセクショナリティ」という語に対する誤解と曲解の芽を先に摘むための手札を揃えることを試みる。ありそうな誤解・曲解をこの語の含意や使われ方と突き合わせて整理することで、インターセクショナリティをよりよく使いこなすための想定問答集のようなものになることを目指す。

2　方針として？　性質として？

先述のコリンズとビルゲは、インターセクショナリティの定義において、この語を「検討する概念」「分析ツール」「説明する方法」であると説明する。

インターセクショナリティとは、交差する権力関係が、様々な社会的関係や個人の日常的経験にどのように影響を及ぼすのかについて検討する概念である。分析ツールとしてのインターセクショナリティは、とりわけ人種、階級、ジェンダー、セクシュアリティ、ネイション、アビリティ、エスニシティ、そして年齢など数々のカテゴリーを、相互に関係し、形成し合っているものとして捉える。インターセクショナリティは、世界や人々、そして人間経験における複雑さを理解し、説明する方法である。（Collins & Bilge 2020＝2021：16）

インターセクショナリティが複数の権力関係の交差に関連する用語であることは確かだとして、それが結局のところその交差に対するどのような「構え」のものなのかに関しては、必ずしも一定の合意があるわけではない。コリンズとビルゲは「分析ツール」としてインターセクショナリティを捉えると宣言するが、他の論者が「物事の見方」「概念」「分析の種類」「方法論的アプローチ」「研究の模範」「測定可能な変数とデータの種類」としてこの語を用いていることを指摘もしている（Collins & Bilge 2020＝2021：110）。また、キンバリー・クレンショーに触れながらインターセクショナリティを論じる清水（2021：151-152）は、「女性たちの〈複数性〉を意識的に取り込もうとする」「観点」としてこの語を説明している。

　インターセクショナリティの多義性を縮約するために、それが複数の権力関係の交差に関する、研究上・実践上の方針である、とひとまず言い切ってみたい。インターセクショナリティは発見的問題解決法《ヒューリスティック》である（Collins & Bilge 2020＝2021：19）とか、それは「意識的」（清水 2021：152）に選ばれる（べき）ものであるという含意を踏まえると、インターセクショナリティとは採用される（べき）何事かである、という点は基本的に共有されている。そのことを端的にかつ、なるべく包括的に指し示すための言葉として、「方針」はそれほど突飛なものではないだろう。[1]

　インターセクショナリティという方針は、複数の権力関係の交差を別個の差別の単なる重なりとしての「複合差別」に還元することに反対する。先述の女性差別撤廃委員会のレポートでは

「複合差別（multiple discrimination）」と「インターセクショナルな差別（intersectional discrimination）」をほぼ互換的に扱っているが、清水（2021）によれば複合差別とインターセクショナリティの含意は同じではない。「黒人女性として受ける差別は、単に人種差別と性差別との「合計」ではなく、それらと異なる性質を持ちうる」（清水 2021：155）。この点に着目すべき、という方針がクレンショーのインターセクショナリティ概念の要点であり、したがってインターセクショナリティは、「複合差別」に着目せよという方針では<u>ない</u>。

くわえて、インターセクショナリティという方針は、複数の差別の（単なる「合計」に還元できない）相乗効果にフォーカスするもので<u>もない</u>、と考える論者は多い。インターセクショナリティを交互作用効果と捉えることを提案する者も存在するが（和田 2024）、インターセクショナリティの論者が可視化しようとしたものはそれではない、との指摘も存在する（平山 2024：646-647）。複数の権力関係の交差に関する（相乗効果の発見以外の）特定の指針こそをインターセクショナリティだと考える発想については、のちに検討する。

しかし、インターセクショナリティを方針と捉えることは、まさにインターセクショナリティという単語そのものの成り立ちからすると、やや異様に思えるのも事実である。この語は「交差的である」という意味の intersectional の名詞形であり、「交差性」とでも訳せる事物のなんらかの性質を表すものではないのか。「エスニシティ」は「集団が血縁や言語、文化などを共有するという性質（ethnic+ity）」であり「血縁や言語、文化などを共有していることに関する何らかの方針」ではない。「ナショナリティ」は「かくかくしかじかの国籍を保持しているという性質(national+ity)」であり、「国籍を保持していることに関する何らかの方針」ではない。

もちろん、「～性」という言葉が「その性質を推進・促進すべき」という含意をもつことはありえる。たとえば、「ダイバーシティ」という語が、「多様であるという性質(divers(e)+ity)」であり、「人々が多様であることを認め、また受け入れようという方針」でもあると言っていけないことはない。似たような例に「母性」をあげることもできるだろう[2]。

とはいえ、インターセクショナリティはまずなによりも事物の性質(「交差性」)を指す言葉だと考えることは、実際のこの語の用例としても、不自然ではないように思われる。たとえば、本章冒頭の国連の女性差別撤廃委員会のレポートにおける「intersectional」の用法は性質を表す形容に思える。また、次のクレンショーの引用の中にあるインターセクショナリティという語それ自体も、方針ではなく事実の性質に言及している。「インターセクショナルな経験」という表現も、方針ではなく性質について言っていることは明らかである。

インターセクショナルな経験は人種差別と性差別との合計を超えるものであり、だからこそ、インターセクショナリティを考慮しない分析では、黒人女性たちの従属の特有の様式を十分に扱うことができない。(Crenshaw 1989:140)[3]

他方で、インターセクショナリティという言葉を、分析より前に存在する事物の性質を指すものとしては一切用いない、すなわち方針としての用法のみでインターセクショナリティという語を用いる者も存在する（Collins 2019-2024；平山 2024）。単語の組成そのものに反して、とりわけクレンショーよりもあとの論者が専門的に述べる際は、インターセクショナリティは事物の性質ではなく、何らかの方針を指すのである。

したがって、インターセクショナリティという語の多義性をあらためて整理すると、「各々の権力関係の合算に還元できない形での複数の権力関係の交差に関する何らかの方針」を指す一般的な用法と、「複数の権力関係が交差しているという性質」を指す例外的な用法に分けることができるだろう。インターセクショナリティについて理解するためには、そもそも前者が一般的な用法であることをひとまずは受け入れた上で、「何らかの方針」とは何なのかを理解する必要がある。

3　誤解と曲解に応答する

ここまでの整理をもとに、インターセクショナリティをめぐる誤解・曲解を検討していく。これらの誤解・曲解は、（A）複合差別への還元、（B）概念の「新しさ」についての誤解、（C）

「人」と「社会構造」のいずれかの側面の軽視に（少なくとも部分的に）由来する、と整理することができる。それらの検討の中で、インターセクショナリティがいったいどういった方針なのかを明らかにしていくことも同時に目指す。

（A）複合差別への還元

「黒人差別と女性差別がなくなれば黒人女性への差別がなくなるのは論理的帰結なのだから、インターセクショナリティという概念は不要」

たしかに、黒人差別をなくすという方針と女性差別をなくすという方針が十分に達成されれば、論理的に黒人女性への差別はなくなるだろう。その意味で、インターセクショナリティという新たな方針は不要であるように思える。

しかし、そこで想定されている黒人差別は、あるいは女性差別は何を指しているのだろうか。黒人差別の雛形として黒人男性への差別が、女性差別の雛形として白人女性への差別が想定されているのであれば、それらを解消しても黒人女性への差別はなくならない。黒人差別がどのようなメカニズムで成立しているか、女性差別がどのようなメカニズムで成立しているかを理解するためには、何事かが黒人差別として想定される際にどんな別の差別（たとえば女性差別）が作動してしまっているか、何事かが女性差別として想定される際にどんな別の差別（たとえば黒人差別）が作動してしまっているかを理解しなければならない。言い換えれば、複数の差別が相互依存的に成立していることに気付かずに、そもそも「単独の」差別を解消することは不可能なのである。

インターセクショナリティという方針とは、まさにこの点、すなわち「差別のプロセスや経験についての「標準」を問い直そう」とする方針のことである（平山 2024：656）。インターセクショナリティは「差別をめぐる差別」（平山 2024：645）を見抜こうとする方針であり、この方針は、「差別をなくそう」という方針を適切に遂行するために必要であるゆえに要請されるものである。それを採用することが「流行」だからなのではなく、差別をなくすべきだから、そしてたとえば「黒人差別と女性差別がなくなれば黒人女性への差別がなくなるのは論理的帰結」などと言っているだけでは黒人差別も女性差別もなくならないから、方針としてのインターセクショナリティが要請されるのである。

「シングルイシューの反差別運動は誤っているという極論を帰結する」

前段の説明をふまえれば、「シングルイシューの反差別運動」だから問題なのではなく、そこで言われているところの「差別」の内実としてなんらかの「標準」が想定され、それが疑われていないことが誤りなのだ、と応答することができる。より踏み込んでいえば、そのシングルなイシューにまつわる差別を取りこぼさないためにこそ、その運動が「標準」的な被差別経験を想定していないかに着目せよ、というのが方針としてのインターセクショナリティなのである。

そう考えてみると、まさにそのようなシングルイシューの反差別運動の好例がフェミニズムであるということができる。インターセクショナリティという語自体がフェミニズムの歴史に多くを負っており、したがってその来歴を知っていれば、シングルイシューの反差別運動ができなくなる、という誤解に対する大きな反例をすでに把握しているはずである。平山亮が指摘するように、方針としてのインターセクショナリティに基づく営為は「フェミニズムがずっと行ってきたこと」なのである（平山 2024：657）。

平山はまた、なるべくたくさんの差別（される属性）を盛り込むのがよい分析、と考える必要がないことも指摘している（平山 2024：654-656）。むしろ、分析者にとって関心のある（シングルイシューの）差別に関して、「標準」の想定を揺るがすために特定の別の種の差別をぶつけるのがインターセクショナリティという方針である。

（B）「新しさ」についての誤解

「インターセクショナリティという言葉ができる前からも黒人女性やろうの同性愛者などは存在したのだから、この言葉はすげ替えられた看板にすぎない」

存在していることはその存在が気づかれ、尊重されていることとは異なるので、それらの人々の被差別経験をある（シングルイシューの）差別の理解における周縁化から救うために、方針としてのインターセクショナリティを採用することの意義は当然存在する。それは、「女性は昔から存在したし、女性の苦境に反抗する政治的立場もあった、だから「フェミニズム」という語は不要」という帰結にはならないのと同様である。もしフェミニズムに関してこのような発言があれば、特定の方針を指す名称を拒否することによるフェミニズムの無力化を警戒してしかるべきだろう。であるならば、インターセクショナリティに関する同様の発言も、むしろ黒人女性や、ろうの同性愛者から権利や幸福を遠ざけるものとして警戒すべきなのではないか。

「一過性のブームでしょ?」

かりに単語としてのインターセクショナリティが一過性のブームだとしても、方針としてのインターセクショナリティがブームなわけではない。そのことはすでに述べたとおりである。

ただし、最近になって「そういう(いわゆる「ダブルマイノリティ」と言われる)珍しい人」が増えた、と考える人はいるかもしれない。「LGBT」という語の普及を「LGBTの人が最近増えてきている」と誤って解釈する人はたしかにいるだろう。同様の誤解がインターセクショナリティに関してあってもおかしくはない。ただし、もちろん、この一、二年で人種差別と女性差別が、障害者差別と同性愛者差別が相互依存的になったわけではないし、人種的マイノリティの女性や障害をもつ同性愛者が最近増えたわけでもない。ここには個人にインターセクショナリティを帰することの問題があるので、その点については後述する。

「左翼／リベラル／学者／社会運動家が新しい言葉を作り出して、ありもしない社会問題を作り出している」

黒人女性や障害を持つ同性愛者などの抱える特有の困難を「ありもしない社会問題」として切り捨ててしまえる立場から見える「女性差別」「黒人差別」「障害者差別」「同性愛差別」こそ、決定的に狭く偏ったものである。インターセクショナリティという言葉を使いたくなければ使わなければよいが、その言葉が指し示す方針そのものを拒否するのであれば、特定の被差別経験を「標準」としてしまう自らの考えを省みないという点において、それ自体が（そこで想定されている差別に関するものとは別の被差別属性に対する）差別である。

また、かりに方針としてのインターセクショナリティに基づいて、インターセクショナリティに関する社会問題として解決されるべきだと考えうる何らかのニーズが新たに生まれたとしても、そのこと自体はそのニーズを否定してよい根拠にはならない。新しい概念が人々にそれまで問題だと思っていなかった事態に対する否定的評価をもたらすこと自体は、とくに問題ではないからである。携帯電話が生まれたことによって大多数の人々は「電話を持ち運べない不便」を感じるようになったはずだが、だからと言って「電話を持ち運べない不便」を感じるのが誤っていたり、倫理的に許容されないわけではない。機械であれ概念であれ、ツールがニーズを生み出すのはよくあることである。

（C）「人」と「社会構造」のいずれかの側面の軽視

インターセクショナリティはたとえば黒人差別と女性差別という複数の権力関係の交差、すなわち社会構造のあり方についての方針を指すものだが、同時にその来歴上、たとえば黒人女性というような、特定の立場に置かれた人の困難やニーズにも当然焦点を当てる。

したがって、インターセクショナリティという語の誤解・曲解には、「社会構造」を軽視し、「人」に関する事実や方針としてのみこの語を捉えてしまうもの、またその逆の場合がありうる。大別して検討する。

（C-1）「社会構造」の側面を軽視し、「人」に関する事実や方針としてのみ捉える

「いろんな意味でマイノリティであることが有利なんでしょ？」

差別されている者、抑圧されている者の苦境に少し光が当てられた程度で「優遇されている」「得をしている」と言い募ってしまう、「逆差別」論法のバリエーションのひとつである。じっさいには、不利益が多少減じた程度で「有利」になったとはとても言えない。むしろ、それが「有利」に見えてしまうこと自体が、それ以外のさまざまな不利益を不利益と見なさないという暴力の一形態であり、典型的な差別のあり方のひとつである。

また、「有利」という言葉に潜む誤りを退けたとしても、ここにはそれとは別に「マイノリティ性の加算方式」のような誤解がまだ存在する。すでに繰り返し述べてきたように、重要なの

は、複数のものとして切り出されているそれぞれの差別が互いに非「標準」的な被差別経験を設定し合うという意味で互いを支え合ってしまっているのではと問う方針である。

インターセクショナリティがどのような方針を指すものかを理解できていれば、それが「人」の立場の話題に還元できないことも理解できているはずである。すでに何度も引用しているコリンズとビルゲも、「アイデンティティ」としてのみインターセクショナリティが捉えられてしまうことに対する懸念について論じている（Collins & Bilge 2020＝2021：241-272）。

したがって、「マイノリティ性の加算方式」によりスコアをつけるような態度は、複合差別ではない事象を捉えるためのインターセクショナリティという方針のあり方に反するものである。

「ダブルマイノリティやトリプルマイノリティのための概念でしょ？」

「ための」を「それらの人々を無視・軽視しないための」と捉えるのであれば、間違いではない。クレンショーは黒人女性の経験を軽視しないためにこの語を提示したのだから。

しかし、「それらの人だけを分析する」「それらの人の幸福にのみ関与する」という含意を込めるのであれば、それは誤りである。むしろ、ダブルマイノリティ、トリプルマイノリティの経験をふまえつつ、それらを包みこむ社会構造に焦点を当てることで、インターセクショナリティという語は「単一の」意味でのマイノリティやマジョリティを考察する方法に変更を迫るものである。この語は、特定の「人」をしか扱えないような不自由な概念ではない。

(C-2)「人」の側面を軽視し、「社会構造」の問題としてだけ捉える

「マイノリティであったりマジョリティであったりする個人の問題ではなく、社会構造の問題なんだよね」

複数の権力関係が交差しており、その構造には誰しもが巻き込まれているからといって、誰もがこの構造から等しく不利益を被っているわけではない。単純なマジョリティ/マイノリティ関係に還元できないからといって、交差した権力関係から個々人が受ける影響のあいだに不均衡も不平等もない、とはならないのである。このことをクレンショーは「地下室」の比喩(地下室にいる者の間にも、地中深いところにいる者もいれば、天井に近い浅い地下にいる者もいる)を用いて述べている(Crenshaw 1989)。個人が原因となる問題という意味での「個人の問題」ではないにせよ、個人を苦境に陥れるという意味での「個人の問題」は当然、多様なかたちで存在する。

にもかかわらず、このように「人」に触れることを周到に避け「社会構造」の問題としてのみインターセクショナリティを語ることは、インターセクショナリティという語が「私もまたそこに巻き込まれている」ことへの自覚を強く促すことへのある種の防衛反応のようなものとして捉えることができる。一般にマジョリティにとって、「被抑圧集団から自分を含む特権集団について何かを指摘されたとき、それを個人的なものと受け止めるべきか、それとも一般論として考えるべきかというジレンマ」がある(Goodman 2011=2017:254)。方針としてのインターセクショナリティを徹底すれば、さまざまな権力関係に注意が向かい、したがって自分が「マジョリティ

側」となる権力関係にも気がつくのは必然である。それゆえ、方針としてのインターセクショナリティは、このジレンマを誰に対しても発生させる。この時、「自分への個人攻撃」と考え「反発」を覚えれば（Goodman 2011＝2017：255）、社会構造の問題としてこのジレンマを自分から遠ざけてしまうこともあるだろう。

しかし、このような防衛反応によって方針としてのインターセクショナリティを都合よく捉えたとしても、権力の不均衡はもちろん解消されない。自分に引きつけすぎない、遠ざけすぎない、という形でこのジレンマを乗り越えるようグッドマンが勧めているのと同様に、「人の話にしすぎない、構造の話にしすぎない」舵取りが、「人」と「構造」の双方を扱ってしまうインターセクショナリティという語にまつわる実践にも必要だと言えるだろう。

「誰もがこの社会構造の中でマジョリティであったりマイノリティであったりする、ってことでしょ？」

たしかに、方針としてのインターセクショナリティを徹底すれば、誰かが「マジョリティ側」となる権力関係と「マイノリティ側」となる権力関係の双方に注意が向くだろう。「誰もがなんらかの意味ではマジョリティであり、マイノリティである」という認識は、その意味で方針としてのインターセクショナリティの直接的な帰結のひとつではある。

しかし、方針としてのインターセクショナリティを徹底すれば、そこで言われている「マジョリティ」「マイノリティ」という言葉の内実が、それほどわかりやすくも単純でもないということに気づくはずである。

くりかえしになるが、マジョリティ／マイノリティの二分法では見えない複雑性をつかまえるためにこそ、方針としてのインターセクショナリティは要請される。「マイノリティ性の加算方式」でスコアは出ないが、この社会での「生きやすさスコア」は等しく皆同じではない。そのスコアがいかに算出されるかの複雑な計算式の実態と、それを適切に修正せよ、というタスクこそ、インターセクショナリティに賭けられているものなのである。

4 「新しい言葉」に賭けてみる

インターセクショナリティとは、「単独の」差別の経験やプロセスとして想定される「標準」を、異なる属性やそれに基づく差別をぶつけることで揺るがせ、「単独の」という限定の乱暴さに反省を迫る方針のことである。この方針は、あらゆる差別をなくしたいと思う人にとって不可欠であると同時に、ある「単独」の差別をなくしたいと思う人にとっても不可欠のものである（なぜなら、この方針なしには、そこで言われている「単独」の差別の様相を拾い尽くすことができないからである）。そう考えるならば、インターセクショナリティは、それが当たり前になるまできっちりと「流行り」尽くしてもらなわければならない、そんな方針だと言えるだろう。

見過ごされてきた現実、誰も考えつかなかった発想が、新しい言葉によって発見されると、この語に賭けてみたいと思う人々が、それに多くの内実を託していく。このとき、新しい言葉は、それによって切り開かれる沃野《よくや》にふさわしい、豊かな意味を持つものになるだろう。

しかし、託される内実が多くなればなるほど、この語の明示的・暗示的な意味を総体として把握することは難しくなる。どんな内実に力点を置くかが異なる者の間では齟齬が起こり、内実が複雑になればジャーゴンとして新しくこの言葉を使おうとする者を排除してしまうかもしれない。これらのことを逆手にとって、この語が開く沃野を再び人の寄り付かない荒野に戻してしまおうとする不届き者が現れさえするかもしれない。

だからこそ、語の豊かさは、可能なかぎり明晰に整理されなければならない。そうすることによって語はより頻繁に、より適切に用いられるようになる。とりわけ、インターセクショナリティのように、具体的な人々の苦境を改善することを志向する言葉ならば、整理の必要性はきわめて高い。本章は、インターセクショナリティという「新しい言葉」に賭けてみたいと思う人々が進む道に存在する障害物を、言葉の整理の力で回避し、除去しようとするささやかな試みであった。

註

（1）ただし、先に挙げた「測定可能な変数とデータの種類」を方針の一種と考えることには無理があるだろう。むしろこれは、後述する事物の性質の一種と考える方が適切である。

（2）もちろん、インターセクショナリティ（交差性）という語に方針と性質のふたつのニュアンスがあることを受け入れこの語を肯定的に用いるからと言って、同型の「母性」という語を、それを推進するという方針の含意を持つものとして肯定的に用いなければならないわけではなく、また「母性」という言葉を使うからと言って、この語で指し示される何らかの性質、という事実があると認めなければいけないわけでもない。

（3）翻訳は清水（2021：155）による。

文献

Collins, Patricia 2019 *Intersectionality: As Critical Social Theory*, Durham: Duke University Press.（＝2024 湯川やよい、松坂裕晃、佐原彩子、藤浪海訳『インターセクショナリティの批判的社会理論』勁草書房）

Collins, Patricia Hill, & Sirma Bilge 2020 *Intersectionality*, 2nd Edition, Cambridge：Polity.（＝2021 下地ローレンス吉孝監訳、小原理乃訳『インターセクショナリティ』人文書院）

Committee on the Elimination of Discrimination against Women 2009 "Concluding observations of the Committee on the Elimination of Discrimination against Women：Japan"（https://tbinternet.ohchr.org/_layouts/15/treatybodyexternal/Download.aspx?symbolno=CEDAW/C/JPN/CO/7-8）

Committee on the Elimination of Discrimination against Women 2016 "Concluding observations on the combined seventh and eighth periodic reports of Japan"（https://tbinternet.ohchr.org/_layouts/15/treatybodyexternal/Download.aspx?symbolno=CEDAW/C/JPN/CO/7-8）

Crenshaw, Kimberle 1989 "Demarginalizing the Intersection of Race and Sex：A Black Feminist Critique of Antidiscrimination Doctrine, Feminist Theory and Antiracist Politics," *University of Chicago Legal Forum* 1989 (1), 139-168.

藤高和輝 2020「インターセクショナル・フェミニズムから／へ」『現代思想』四八巻四号、三四―四七頁
Goodman, Daine J. 2011 *Promoting Diversity and Social Justice : Educating People from Privileged Groups* (Second Edition), New York, London : Routledge.（＝2017 出口真紀子監訳、田辺希久子訳『真のダイバーシティをめざして――特権に無自覚なマジョリティのための社会的公正教育』上智大学出版）
平山亮 2024「インターセクショナリティが「見える化」するのは単なる差異なのか」『社会学評論』七四巻四号、六四三―六五九頁
風間孝 2007「「中性人間」とは誰か？――性的マイノリティへの「フォビア」を踏まえた抵抗へ」『女性学』一五巻、二三―三三頁
清水晶子 2021「「同じ女性」ではないことの希望――フェミニズムとインターセクショナリティ」岩渕功一編著『多様性との対話――ダイバーシティ推進が見えなくするもの』青弓社、一四五―一六四頁
和田毅 2024「インターセクショナリティ（交差性）に関する四つの疑問」土屋和代、井坂里穂編『インターセクショナリティ――現代世界を織りなす力学』東京大学出版会、一〇九―一二五頁

おわりに

学術論文以外の文章を書くのが好きだ、と「はじめに」で書いたのだけれど、実は私にはもっと好きなことがある。それらの文章のタイトルを考えることだ。読者の目を引き、文章の中身に興味を持ってもらいたい、もちろん読んでもらいたい、そんな気持ちでいつもタイトルをあれこれと考えている……などと言いつつも、どちらかというと読者を挑発するタイトルをつけたがる私ではあるので、実際には「これで読者の横っ面を叩いてやれ！」とばかりにイラッとしたりヒヤッとしたりするタイトルをつけることも多い。本書の各章のタイトルは、初出のものから変わっていないものも変わったものも、そんなタイトルばかりではないかと自分では思っているので、今さらながら、そのせいで読者を遠ざけてはいないだろうか、と危惧している。と書きつつも、「この程度のタイトルで日和るな！」という気分もまた、私にはあるのだが。

悩ましいのは、先行してタイトルが決まると、もう文章を書けた気になってしまうことだ。実際はその段階ではそもそも文章を全く書き始めていないこともあるわけで、そこから先は苦難の道である。本書に収められたどの文章も、そんな悪戦苦闘の末に生まれたものなので、どうか「各章のタイトルだけはよかったが、肝心の文章はそれほどでもなかった」とは言わないでほしい。タイトルで「出落ち」になっている、とはたしかに自分でも思うのだけれど、タイトルだけを読んで分かった気になってほしいわけではないし、タイトルだけを読んで分かったことにできるほど、単純なことを書いたつもりもない。「ふつうのLGBT」像に抗するためには、ある程度丁寧な思考が必要なわけで、たとえば章のタイトルといった短い文句を格言のように受け取るだけで済むわけがないのだ。

読者のみなさんが本書（の章タイトル以外の部分）をどのように読んでくれたかはわからないけれども、一人ひとりの知性と感性で、「ふつうのLGBT」像に抗する態度と理路を本書から手に入れてくれたなら本当にうれしい。「はじめに」では本書を一貫した問題意識に基づくものとして読んでもらうための補助線を引いたけれども、おそらくこの補助線も今となっては不要だろう。各章を、読者にとって切実な文脈、あるいはもともとそれらが書かれた文脈に置き直して反芻していただけたなら、過去に書いた文章を寄せ集めて一冊の本を作った甲斐もあると思う。

本書を作るにあたって、多くの人にお世話になった。まずは各章の元となった文章を依頼してくれたそれぞれの媒体の編集者の方にお礼を申し上げたい。とりわけ『現代思想』編集部の樫田祐一郎さん、『ユリイカ』編集部の明石陽介さんには、思いもかけない、しかしぜひ書いてみたいと思わせる特集への寄稿を何度もご依頼いただいた。ありがとうございます。どんな依頼にも似たような文章でお応えしている気もして、なんだか申し訳なくもあるのだけれど、そのおかげでこうしてそれなりに筋の通った一冊の本（になっているだろうか？）にまとめることができたとも思うので、どうぞお許しください。

また、本書執筆にあたって、プライドハウス東京のアーカイヴに含まれる雑誌資料を閲覧することができた。閲覧に快く応じてくださったプライドハウス東京の山縣真矢さんに深く感謝申し上げます。日本のＬＧＢＴＱ＋の歴史が、アーカイヴという形でしっかりと受け継がれていくことを、私も強く願っています。

自分の書く文章のタイトルを考えるのはたしかに好きなのだが、自分の書いた本のタイトルを決めるのは、なぜだか本当に苦手だ。ということで、書名はいつも編集者任せである。各章の元となった文章を並び替えたりしながら、ああでもないこうでもないと私が右往左往している間に、担当の永井愛さんが「なじめない私」と「なじんだつもりのあなた」という二つのキーワードを掬い上げてくださり、さらにその後の編集プロセスの中で、本書全体を貫く、「ふつうのＬＧＢＴ」像に抗する、というテーマを導きだしてくださった。おかげで本書はなんとか一冊の本としての体裁を保つことができたと思う。

もちろん、永井さんのお仕事は書名を考えることだけではなく多岐に渡る。とりわけ、書き下ろしの章も含めて原稿がある程度揃った段階で長期間塩漬けになってしまっていたこの企画を、前任の方から担当を引き継いだ瞬間からものすごい馬力で動かしていただき、あっという間に刊行の地点にまで連れてきてくださったことには感謝しかない。本当にありがとうございました。

看板に偽りあり、とまでは思わないけれども、「ふつうのＬＧＢＴ」像に抗することをタイトルに掲げた書籍にならば当然含まれていなければならないいくつものトピックを、本書では扱えていない。過去の文章をこうしてまとめてみると、「私は何をこれまで書くことができていなかったか」が白日のもとに晒されるので、今後は今まで扱えなかったトピックについて、依頼があろうがなかろうが書いていきたいと思う。たとえばそれはトランスジェンダー差別にゲイ男性がどうやって抗していくか、という問いであったり、あるいはフェミニズムを忘却したかのような「性の多様性」礼賛にどうやって抗していくか、という問いであったりするだろう。書くことは苦しい作業なのにそれでも「また書きたい」と思ってしまったりするあたり、まさに下手の横好きの面目躍如、と言えるのではないだろうか。

初出一覧

第1章　「居場所がしんどい、現場がこわい」『現代思想』二〇一七年一一月号
第2章　「「二丁目に捨てるゴミ無し」と人は言うけれど、」『ユリイカ』二〇一四年九月臨時増刊号
第3章　「ないことにされる、でもあってほしくない――「ゲイの男性性」をめぐって」『現代思想』二〇一九年二月号
第4章　「セクシュアルマイノリティとネオリベラリズム」『解放社会学研究』三〇号、二〇一六年
第5章　「「最近はＬＧＢＴをテレビや映画でよく見かけるし、時代は変わったよね」と言いたい人への８つの問い」『INSIDE/OUT――映像文化とＬＧＢＴＱ＋』早稲田大学演劇博物館、二〇二〇年
第6章　「「どんな見た目でもいいじゃない、ＬＧＢＴの人たちみたいに」」『現代思想』二〇二一年一一月号
第7章　「笑っても地獄、笑わなくても地獄」『早稲田文学』増刊号、二〇一九年
第8章　書き下ろし
第9章　「「今度はインターセクショナリティが流行ってるんだって?」」『現代思想』二〇二二年五月号

書籍化にあたり、加筆修正を施しております。

森山至貴（もりやま・のりたか）

1982年神奈川県生まれ。東京大学大学院総合文化研究科国際社会科学専攻（相関社会科学コース）博士課程単位取得満期退学。東京大学大学院総合文化研究科国際社会科学専攻助教、早稲田大学文学学術院専任講師、准教授を経て、現在、同教授。専門は、社会学、クィア・スタディーズ。著書に『「ゲイコミュニティ」の社会学』（勁草書房）、『LGBTを読みとく―クィア・スタディーズ入門』（ちくま新書）、『10代から知っておきたい あなたを閉じこめる「ずるい言葉」』『10代から知っておきたい 女性を閉じこめる「ずるい言葉」』（以上、WAVE出版）などがある。

「ふつうのLGBT」像に抗して
「なじめなさ」「なじんだつもり」から考える

2024年11月15日　第1刷印刷
2024年11月30日　第1刷発行

著　者　　森山至貴

発行者　　清水一人
発行所　　青土社
101-0051　東京都千代田区神田神保町1-29　市瀬ビル
電話　03-3291-9831（編集部）　03-3294-7829（営業部）
振替　00190-7-192955

装　幀　　山田和寛（nipponia）

印刷・製本　シナノ印刷
組　版　　フレックスアート

ISBN 978-4-7917-7684-9　Printed in Japan